発言禁止

誰も
書かなかった
メディアの闇

森永卓郎

実業之日本社

はじめに

「最近、テレビ出演はやめたんですか？」

そう話しかけられることが、増えてきた。いま私がテレビにほとんど出ていないことは事実だが、私自身が出ないという判断をしているわけではない。出させてもらえなくなっているのだ。

なぜ、テレビに出られなくなったのか。その理由について、私には、一つの仮説がある。それは、忖度《そんたく》せずに本当のことを言うようになったからだ。

私だけがそう思っているのではない。昨年、ある情報番組でコメンテータを務める評論家がこっそりと教えてくれた。その番組のプロデューサーがこう言ったそうだ。

「これからは、本当のことを言うコメンテータは一切出演させない」。

おかしなことを言っていると思われるだろうか。ただ、いまや「権力に忖度しなければ干される」ということは、ほぼすべてのコメンテータやテレビ関係者が共有している「常識」だ。前明石市長で弁護士の泉房穂氏も、あれだけ思い切った発言を繰り返しながらも、テレビでは「これ以上言ったら干される」というラインを超えないようにギリギリのところで発言していると話していた。

私も、基本的には泉房穂氏と同じような戦略を採っていた。だが、これまで3段階に分けて発言のタガを緩めてきた。第1段階は、子供が成人した2005年ころだ。子供が成人するまでは、親には子供が不自由を感じないように、きちんと稼ぐ責任があると私は考えている。子供を作ってしまった以上、子供が「自分は親ガチャに敗れた」と思わせてはならない。子供は親を選べないからだ。

2005年に長男の康平が20歳を迎えた。私は、それまで勤めていたシンクタンクを辞め、大学教員に軸足を移して、カネを稼ぐための仕事をストップした。そのため、私の発言の自由度は大幅に高まったが、それでも、常識を大きく踏み越える発言は、ある程度抑制していた。

タガを緩めた第2段階は、私自身が年金を受給できる年齢に達した2020年代に入ってからだ。2020年から特別支給の厚生年金が、2022年からは、基礎年金を含むすべての公的年金が受給できるようになった。実際には、「在職老齢年金制度」というのがあって、厚生年金の受給月額と月額報酬の合計が50万円を超えると、厚生年金給付の減額が始まる。私はいまだにフルタイムで働いているため、厚生年金は全額支給停止となっていて、これまで公的年金を受給したことは一度もないのだが、仕事がなくなったら、いつでも年金受給ができる。だから、テレビなどの仕事を失うことが怖くなくなったのだ。

タガを緩めた第3段階は、2023年末に医師からステージ4のガン宣告を受けて、余命4か月と言われたことだ。「どうせ死ぬなら、最後に本当のことを言って死のう」と考え、いまは誰にも忖度しない発言を繰り返している。

いま振り返ってみると、私のテレビ出演を最も減らしたのは、第2段階の発言規制緩和を行ったときだった。そこでガクンと出演機会が減ったのだ。

ただ、「忖度しないと、テレビから干される」というのは私が考える「仮説」に過ぎない。私自身の人気がなくなって、私を使う動機をテレビ局が失ったのかもしれない。本当の理由は何なのか。それを物証や証言で検証することは現実問題としては、不可能に近い。そこで、本書では、私自身の周りで起きた事実を中心に、いわば状況証拠を積み重ねることで、いまテレビのなかで何が起きているのか、さらにそこからもう一歩広げて、メディアの世界で何が起きているのかを明らかにしていきたいと思う。それが、本書の目的だ。

本書では、新しい経済理論とか、分析の枠組みが登場するわけではない。ただ、これまで誰も書いてこなかったメディアの実態に切り込んだことは、間違いないと私は考えている。何しろ、これを書いたら、私自身が大手メディアから完全に干されてしまうことが、ほぼ確実だからだ。ただ、それはそれで構わないと思っている。いずれにしても、私自身がそう長く生きることは、できないからだ。

森永卓郎

発言禁止
誰も書かなかったメディアの闇
目次

ブックデザイン 鈴木成一デザイン室
DTP 株式会社千秋社
校正 有限会社くすのき舎
編集 村嶋章紀

第一章 テレビ出演で私に起きたこと

自分で言うのもおこがましいのだが、2005年から15年間ほど、私はメディアの寵児になっていた。テレビとラジオのレギュラー番組は17本もあり、その他にもスポット出演がぎっしり詰まっていた。

そうなったきっかけは、「ニュースステーション」のコメンテータに就任したことだった。私は2000年から2004年のニュースステーション終了まで、4年間にわたってコメンテータを務めた。久米宏さんの軽快なトークで、深く真実に斬りこんでいく「ニュースステーション」は、とてつもない人気を集めるテレビ報道を代表する番組だった。

少し余談にはなるが、私がニュースステーションに出演するようになったきっかけは、「偶然」と「勘違い」が重なったことだった。

テレビ神奈川にレギュラー出演

三和総合研究所というシンクタンクに勤務していた1996年、私は初めてテレビのレギュラー番組を持つことになった。テレビ神奈川が、三和総合研究所でエコノミストを務める嶋中雄二氏にコメンテータ就任を依頼してきたのだ。ところが、そのタイミングが悪くて、ちょうど嶋中氏がテレビから引退する決意を固めた時期だった。そのため嶋中氏は、テレビ神奈川の依頼を即座に断ってしまった。困ったテレビ神奈川のスタッフが、「誰かよい人は他にいませんか」と問いかけてきたのに対して、嶋中氏が私の名前を挙げ、私にお鉢がまわってきたのだ。ところが、「ZONE」というその番組は、政府の間接広報番組で、製作費の一部を政府が負担している。だから、内容が真面目で、コメンテータの自由度もほとんどない番組だった。唯一の自由は、番組最後に設定された「コメンテータの今日のまとめ」というコーナーだった。そこで私は、その日のテーマをすべて男女関係に置き換えて、まとめることにした。例えば、財政赤字の問題に関しては、夫が山のような借金を抱えていても、妻がそれ以上に貯金をしているので、世帯全体としては、破たんしないんですよと、政府の借金と国民の貯蓄の関係を解説したのだ。もちろん、すべてのテーマを男女関係に置き換えてまとめるということにはかなりの無理があって、「太陽光発電」がテーマのときに、私はどのように男女関係に置き換えたらよいのか思いつかなかった。それでも容赦なくエンディングはやってくる。苦し紛れにひねり出した私の解説は、こうだった。「これまでは、女性を口説くときに、君はボクの太陽だって言ったものですが、これからは太陽を恋人にしないといけないということなんですね」。スタジオ中が凍り付いた。そのなかでエンドロールが静かに流れていく。そうした、ほとんど放送事故に近いことも起きていた。ただ、その私の解説を面白がったテレビ神奈川のディレクターが、新しく始まるバラエティ番組に私を呼んでくれた。その番組で、私は自分のコーナーを作った。「1週間の新聞記事のなかから気になる話題をすべて男女関係に置き換えて解説する今週の瓦版のコーナーです」。ディレクターは、数か月でネタ切れすると思っていたそうだが、私はそのコーナーを2年以上続けた。

こう書くとすんなり行ったように思えるかもしれないが、番組開始前には、ひと悶着あった。三和総研が、会社の権威が落ちるので、会社の名前をバラエティ番組で使ってはいけないと言ってきたのだ。私は、肩書きなしで出演しようとしたのだが、ディレクターが、それはダメだと言う。日本は肩書き社会なので、何らかの肩書きが必要だと言うのだ。「そんなことを言っても、他に肩書きなんてないぞ」と言う私に、ディレクターは「ひと晩考えさせてください」と言い、翌日、「経済アナリスト」という肩書きをひねり出してきた。つまり、経済アナリストというのは、本来、何の意味もない符号なのだ。それから30年近くが経ち、日本には１００人以上の経済アナリストがいる。馬渕磨理子氏、ジョセフ・クラフト氏などが代表格だが、息子の康平も経済アナリストを名乗っている。彼らは一体どのような仕事をしているのか、私はよく知らない。

ニュースステーションで起きたスキャンダル

テレビ神奈川でやった「おふざけ」は、思わぬ展開をもたらした。1999年、テレビ朝日「ニュースステーション」のディレクターから突然、一緒に食事をしながら飲みませんかという電話がかかってきた。「それは、タダですか」。「だったら行きます」。毎日夜中まで残業して、粗食を繰り返していた私は、タダ飯と美酒に酔いしれた。もちろん、世の中タダがあるはずがない。帰り際に、ディレクターがつぶやいた。「森永さん、一度ニュースステーションに出てみませんか」。

その直前、ニュースステーションのコメンテータが不倫スキャンダルを文春砲で撃たれ、後任を探していたのだと後から聞いた。私は即答した。「久米宏さんと渡辺真理さんのサイン入り名刺と引き換えなら出ます」。当時、私は有名人のサイン入り名刺をコレクションしていて、絶好のチャンスだと思ったのだ。

テレビ朝日に到着した私は、生放送前に約束の履行を求めた。「サイン入り名刺をくれなかったら、スタジオに入りません」。ディレクターは、ちょっとだけ嫌な顔をしたが、2人のサイン入り名刺をもらってきてくれた。その時点で、私の仕事は、終わった。

生放送の本番を私は適当に流した。何しろ仕事は終わっているのだ。ところが、後から聞いた話だが、その生放送をテレビ朝日の幹部が目を凝らして視ていたという。「こいつは、どんな質問をしても動じないのですごい」ということになり、それから私は新コメンテータとして、番組に加わることになった。私のコメンテータ就任は、テレビ朝日制作陣のいわば勘違いがもたらしたものだったのだ。

ただ、番組に参加して、久米宏さんが努力の人だということが分かった。ゲストの著書や資料はすべて読み込んでくるし、あらゆる勉強をおこたらなかった。番組で出せるのは、そのなかの数パーセントに過ぎないのだが、あらゆる想定をしているので、どんな事態が起きても、対応ができたのだ。真剣に仕事をしているから、緊張もする。生放送前には、久米さんの手が震えていた。「毎日やっていて、なぜ緊張するんですか。ボクなんて、ぜんぜん緊張しませんよ」。「緊張しない奴は成長しないぞ」。確かに、それ以降、私は一向に成長してない。

年収300万円時代を生き抜く経済学

偶然がもたらしたニュースステーションへの出演だったが、番組の論調は、「反権力」という私のスタンスと完全に合致していた。特に、小泉構造改革が始まってから、私は徹底的に政府批判を繰り返した。番組は、その背中を押してくれた。何しろ、ニュースステーションの当時のプロデューサーの掛け声は、「徹底的に政府の利権や癒着や腐敗を追及して、政権交代を実現するぞ」といったものだった。

そうしたなかで2003年に私は『年収300万円時代を生き抜く経済学』を上梓した。このまま弱肉強食の構造改革を進めると、サラリーマンの年収が300万円まで下がってしまうと、厳しく批判する本だった。いまになってみると、私の予測は、見事に当たったのだが、当時からこの本は大変な評判を呼び、続編を合わせると50万部近い大ヒットとなった。

「ニュースステーション」と『年収300万円時代を生き抜く経済学』がもたらした影響はとても大きく、当時、ジャーナリストの田原総一朗さんには、「これで君は、10年は食えるぞ」と言われた。実際には10年どころか、20年近く食えることになった。

当然、テレビやラジオのレギュラー出演、そして雑誌の連載要請が殺到した。例えば、テレビに関して言うと、当時レギュラー出演することになった番組は以下のとおりだ。

TBS「がっちりマンデー!!」（2004）
フジテレビ「スタ☆メン」（2005）
日本テレビ「太田光の私が総理大臣になったら…秘書田中。」（準レギュラー）（2006）
テレビ神奈川「NEWSハーバー」（2006）
TBS「ピンポン！」（不定期）（2006）
テレビ朝日「スーパーモーニング」（2007）
フジテレビ「ハッケン!!」（2008）
読売テレビ「情報ライブ ミヤネ屋」（2008）

フジテレビ　「サキヨミLIVE」（2008）
日本テレビ　「TheサンデーNEXT」（2008）
TBS　「イブニングワイド」（2009）
TBS　「Nスタ」（2010）
TBS　「がっちりアカデミー!!」（2011）
名古屋テレビ　「ドデスカ！」（2016）

2022年に集中した番組降板

年収300万円ブームの時代に始まったテレビのレギュラー出演は、その後、長期にわたったものも多かった。例えば、TBSの「Nスタ」は、2022年12月まで12年間続いた。前身のイブニングワイドを含めると13年だ。番組はいまでも継続しているが、私の出演歴は2022年に終わった。

読売テレビ「情報ライブ ミヤネ屋」へのレギュラー出演が終わったのは、

２０２２年3月だった。その数か月前に番組のプロデューサーが私の楽屋にやってきた。番組をリニューアルするので、降板して欲しいという。私に抵抗する術はないので、そのまま受け入れた。レギュラー出演の最終日、司会の宮根誠司さんが、私の楽屋を訪れ、たったひとこと、こう言った。

「ごめんね」。

しかし、驚いたことがあった。レギュラー降板のあと、「情報ライブ ミヤネ屋」をみていたら、リニューアルされたコメンテータは、私一人だけだったのだ。

影響は、地方局にも及んだ。例えば、名古屋テレビの「ドデスカ！」のレギュラー出演降板は２０２４年３月だが、実質的に降板が決まったのは２０２３年12月だ。『書いてはいけない』出版よりも前だが、『ザイム真理教』出版の後だ。

その他にも、２０２２年頃からは、準レギュラーまでいかなくても、不定期出演していた番組にもまったく呼ばれなくなった。さらに、ゲスト出演さえ、なくなってしまった。

報道・情報番組で、最後のスタジオ出演をしたのは、関西テレビの「ＬＩＶＥコネクト！」という番組で、２０２３年10月のことだった。岸田政権の財政政策の解説で呼ばれたのだが、当時、岸田総理はネットの世界で「増税クソメガネ」と揶揄されていた。そこで私は、自分の眼鏡の左右のレンズにウンチくんのイラストを貼って、スタジオに登場した。関西はそうしたギャグへの許容度が高いので、生放送中、視聴率は爆上がりしたそうだ。ディレクターからは、「ぜひまたスタジオに来てください」と言われたが、再び呼ばれることはなかった。

結局、その後、テレビ出演で残っているのは、報道・情報番組では一つもなく、バラエティ番組のＴＢＳ「がっちりマンデー!!」だけになっている。

なぜ、２０２２年以降に私の番組降板が相次いだのか。もちろん２０２２年から私の人気が急失速した可能性はある。ただ、20年ほど続いたテレビ出演が、揃いも揃って同時期に突然なくなるのだろうか。

実は、「はじめに」にも書いたが、この年から私は公的年金の受給ができるようになったため、言論のタガを緩める第2段階をスタートさせた年だった。特に大きかったのは、『ザイム真理教』の出版だ。

大手メディアから黙殺された『ザイム真理教』

私が、『ザイム真理教』の執筆に取り掛かったのは、２０２２年の夏頃だったと思う。普通は、出版社から依頼があってから書くのだが、この本は勝手に書き始めた。ただ、私は出版に関して、何の心配もしていなかった。というのも、これまで１００冊以上の書籍を出版し、特にこの何年かは、執筆した本のすべてが増刷になっていたからだ。増刷になれば、出版社は初期コストを回収して、利益が出る。つまり、利益がほぼ確実に見込まれるのだ。儲かるビジネスを拒否する出版社はないはずだ。それに、これまでの書籍の出版で、付き合いのある編集者がたくさんいる。だから、話をもちかけたら、すぐにＯＫが出ると信じていた。

ところが、原稿が完成して、複数の大手出版社に声をかけると、すべてやんわりと断ってきた。誰もはっきりと言わなかったが、「こんな内容の本は出せない」ということだ。

ここで、『ザイム真理教』をお読みでない方のために、書籍の「超」要約を載せて

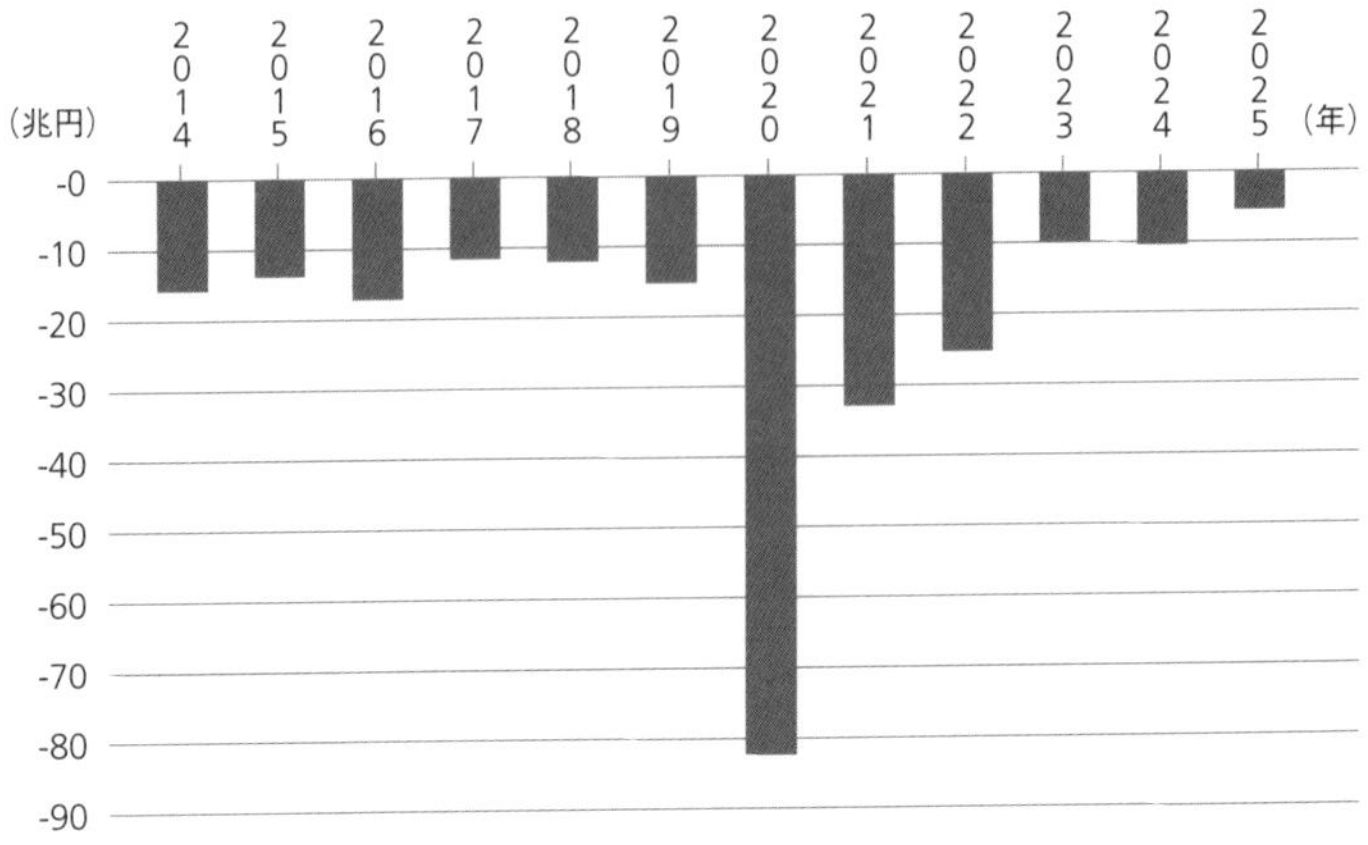

(注) 2024年度は予算、2025年度は見通し。(資料) 経済財政諮問会議 配布資料

図　一般会計基礎的財政収支

おこう。ポイントは、「財務省が主張する『日本の財政は危機的状況にあり、消費税を中心に増税していかないと財政破綻して、国債や為替が暴落し、日本をハイパーインフレが襲う』という見立ては完全なウソだ」というものだ。財務省は、そのウソに基づいて国民を脅すことで、増税や社会保障カットを繰り返して、失われた30年の原因を作った。その非合理な活動は宗教を通り越して、カルト教団の行動と一緒だと断定したのだ。

詳しい話は、是非『ザイム真理教』を読んで欲しいのだが、例えば、一般会計の基礎的財政収支赤字は、

	一般政府	統合政府
総資産	275.7	378.2
非金融資産	145.5	184.1
金融資産	130.2	194.1
総負債	291.4	369.2
純資産	-15.7	9.0

（%）

（資料）IMF“Public Sector Balance Sheet”

日本政府のバランスシート（2020年 対GDP比%）

2020年度に80兆円だった。税収を超える赤字を出しても、国債や為替が暴落したり、ハイパーインフレが襲うことはなかった。ちなみに財務省は、80兆円の赤字を出したこと自体を隠蔽している。財務省のホームページに、不都合な真実を示すこの数字は一切出てこないのだ。

もう一つ、財務省は「日本はGDPの2倍以上の借金を抱えていて、これ以上借金を増やすと、財政破綻する」という主張もしている。これも、真っ赤なウソだ。

確かに地方政府を含む一般政府が抱える負債はGDPの291％に達しているが、そこから一般政府が持つ資産を差し引くとネットの借金はGDPの16％に過ぎない。しかも、日本銀行も含めた「統合政府」の連結決算でみると、日本が抱える負債よりも資産が9兆円も上回っていて、資産超過になっている。これは、先進国のなかで飛び抜けて低い水準だ。つまり、日本の財政は世界トップレベルの健全性を誇るのだ。にもかかわらず、財務省は「借金で首が回らない」と財政危機を煽り、増税・増負担を国民に押し付けている。それは、「あなた死相が出ていますよ。その厄災を振り払うためには、この100万円の壺を買いなさい」というのと同じで、その行動は、カルト教団そのものなのだ。

私が『ザイム真理教』で用いた数字は、すべて公的統計に基づくもので、どこも間違っていない。だが、どこの出版社も引き受けてくれない。2022年の年末ごろは、私は出版そのものをあきらめかけた。しかし、どうしても世に問いたいと考えた私は、『日記シリーズ』の書評を書いたことで連絡先を知っていた三五館シンシャの中野長武社長に、一縷《いちる》の望みをかけて原稿を送った。返事はすぐにきた。

「森永さん、この本は、面白くて、ためになる。世に問う価値を持っているので、是非ウチでやらせてください」。

「ありがとうございます。ただ、一つだけ申し上げておくと、この本を出版したら、中野社長も道連れで逮捕されるかもしれませんよ」。

「大丈夫です。この出版社は、実質ボク一人でやっているので、仮に逮捕されたとしても、犠牲者は、森永さんとボクの2人だけで済みますから」。

『ザイム真理教』が発売されたのは2023年5月だった。そして20万部という出版不況のなかでは、とてつもない大ヒットとなった。『年収300万円時代を生き抜く経済学』が出版されたのが2003年だったから、私にとって20年ぶりの大ヒット作となったのだ。調子に乗った私は、続けて、2024年3月に、三五館シンシャから『書いてはいけない』を出版した。こちらは、アマゾン総合ランキングでトップを継続し、27万部と、『ザイム真理教』を上回るヒット作となった。『書いてはいけない』は、私がメディアの仕事をするようになってから四半世紀の間、「これを言ったら干される」と感じていた、①ザイム真理教、②ジャニー喜多川氏の性加害問題、③1985年に起きた日本航空123便の自衛隊機による撃墜事件を採り上げたものだ。さらに三五館シンシャからは、『がん闘病日記』『投資依存症』『官僚生態図鑑』の出版を続けた。この五部作の発売部数は、50万部を優に超えた。出版不況のなかで『年収300万円時代を生き抜く経済学』の部数を超えたのだ。

ところが、不思議なことが起きた。『年収300万円時代を生き抜く経済学』のときには、本のヒットを受けて、新聞や雑誌に多くの書評が掲載された。テレビ局からも出演依頼が殺到し、複数のレギュラー出演も決まった。ところが、『ザイム真理教』は大手メディアから、完全に黙殺された。その傾向は、『書いてはいけない』でさらに強まった。

例えば、書評は数えるほどしか掲載されなかった。しかも、その記述は、こうした本が出てきた背景などに集中して、内容を紹介するものは、ほとんどなかった。掲載自体も大手新聞や大手週刊誌はなく、テレビからの出演依頼は一つもなかった。もちろん、ランキング上位に入っているのだから、そのこと自体は伝えないといけない。

例えば、ＴＢＳの「王様のブランチ」からは、『書いてはいけない』がランキング上位に入ったときに、番組で紹介したいという依頼があって、書影や要旨を準備して送ったのだが、結局、内容の紹介は一切なく、ランキング紹介のときに書影が映っただけで、数秒間の紹介にとどまった。新聞や雑誌の著者インタビューのコーナーにも一切呼ばれなかった。

結局、『ザイム真理教』や『書いてはいけない』の内容をメディアとして、きちんと伝えてくれたのは、俳優の宮崎美子さんがやっている書評のYouTubeだけで、それも宮崎さんが個人で運営しているものだった。もちろん、宮崎さんのような個人運営のYouTubeやＳＮＳでは、他にもたくさん採り上げてもらったのだが、大手メディアになるほど、黙殺の態度が鮮明になったのだ。

普通に考えたら、私の書いた内容が間違っていて、世の中に広めることに関与したくないと思ったということだろうが、私の著書に関して大手メディアから「ここが間違っている」という指摘を得たことは一度もない。しかも、大手新聞には、連日私の著書が大きく掲載された。

というのも、三五館シンシャの中野社長が、連日のように新聞各紙に大きな広告を出稿してくれたからだ。新聞の広告審査は、数ある広告のなかでも、審査が厳しいことで有名だ。内容に問題がある商品の広告は掲載できない。私の著書も当然審査を受けているのだが、審査に引っかかったことは一度もなかった。つまり、大手新聞社は私の著書の内容が不適切だと判断したのではなく、記事として採り上げたくなかったから、記事にしなかったのだ。その理由は、一体何なのか。

私は、一つの大きな原因は、財務省への忖度だったと考えている。

第二章
財務省の圧力

三五館シンシャから出版した書籍の大ヒットを受けて、私は出版を断ってきた大手出版社の編集者に「もったいないことをしたと思いませんか」と聞いてみた。

その答えはこうだった。

「森永さん、本当のことを言うと、出版の内諾は取れていたんです。ところが、最後の最後の段階になって、社長がこう言ったんです。『この本は売れると思う。ただ、財務省批判の本を出したら、必ずウチに税務調査が入ってくる。出版不況のなかで、税務調査が入ったら会社がもたない。だから断念せざるを得ないんだ』」。

日本の特殊性は、財務省という予算編成権を持つ官庁の傘下に国税庁という徴税機関が存在し、両者が一体運用されていること、そして徴税の基準が現場の裁量で大きく動くということだ。

例えば、2012年、名古屋国税局が当時飛ぶ鳥を落とす勢いで活躍していた板東英二氏の事実上の個人事務所に税務調査に入った。その結果、7年間で約5000万円の所得隠しが発覚し、事務所は修正申告と追徴税の支払いを行った。記者会見で、板東英二氏は、「かつらはいいけど、植毛はダメと言われた」と、経費認定が国税と異なっていたことを申告漏れの原因として挙げた。

しかし、税理士に聞くと、その主張は間違っているという。経費認定されるかどうかは、「かつら」か「植毛」かという話ではなく、「業務に必要な経費かどうか」で決まるのだという。ただ、そうなると何が経費になるか、事前には、分からなくなる。「業務に必要な経費かどうか」を判断するのは、現場の調査官の裁量次第になるのだ。そのことは、税務調査が国税に強大な権力を与えることを意味する。

元国税調査官の大村大次郎氏の『朝日新聞が財務省の犬になった日』（2024年7月、夕日書房）には、次のように書かれている。少し長いのだが、著者ご本人から引用の許可をいただいたので、そのままご紹介しよう。

税務調査とはどういうものか、ここで少しご説明したい。税務調査とは、税務当局（税務署や地方公共団体など）が、納税者の申告が正しいかどうかをチェックする行為である。

日本の税制は原則として「申告納税制度」というものを採っている。これは、自分の税金は自分で申告して自分で納めるという制度である。

戦前は賦課課税制度というものが採られていた。これは、税務当局が各納税者の税金の額を決めて、納税者はその決められた額を支払うというものだ。それが、戦後の民主化政策によって改められ、「申告納税制度」が採られることになったのだ。

申告納税制度は、納税者に税金を決める裁量が与えられているため、得てして税法よりも低く申告しがちである。それを防ぐために税務当局は税務調査を行うのである。

税務調査には裁判所の許可状をとって行われる強制調査と、それ以外の任意調査がある。

強制調査では納税者の同意なしに、あらゆる調査が行われるが、これは脱税額がだいたい1億円以上で、なおかつ悪質な場合に限られる。この強制調査を行うのが、査察（いわゆるマルサ）である。

そして、国税庁、税務署が行う税務調査のほとんどは、任意調査である。

任意調査というのは、納税者の同意を得て行われる調査のことであり、税務当局は納税者側の都合を十分に配慮しなければならないことになっている。また任意調査なので、あらゆる事柄について、納税者の同意を得た上でないと行ってはならないことになっている。

そのため納税者の同意を得ていないのに、勝手に家捜しをしたり、納税者の持ち物を触るようなことはできない。

しかし、だからといって、納税者は任意調査を拒否することはできないのだ。

前項でも述べたように、国税庁の職員は、納税者の税金や事業に関する事柄については、すべて質問したり、関係書類を求めたりする権利を持っている。納税者の都合は配慮されるが、調査の拒否はできないのである。つまり、「任意調査」であっても、100％任意ではないのである。

このように「徴税権を持つ」ということは、予算権限を持つのと同等か、それをしのぐような強力な権力である。

これまで述べてきたように、国税庁は、全国民に対し、「国税に関することはすべて調査する権利」を持っている。国民にはこれを拒否する権利はない。

このような強大な権利を、予算権を持っている財務省が握っているのである。

実は、これは非常に恐ろしいことでもある。

「予算というエサをばら撒くことで、言うことを聞かせる」

ということのほかに、

「徴税検査をちらつかせて言うことを聞かせる」

ということができるのだ。

これでは国民も企業も、財務省の言うことを聞くしかなくなる、というものである。

財務省は、旧大蔵省時代から、この強大な国家権力を持っていた。その危険性は、政治家の側も認識していた。

だから1997年の橋本行革の際に、国税庁を大蔵省から切り離せという議論もあった。大蔵省が、国税庁を意のままに操ることが、大蔵省の権力強化につながっていることは明らかだったからだ。

しかし、これは大蔵省のキャリア官僚たちの強硬な反対に遭い、実現できなかった。大蔵省は、名称こそ財務省と変更させられたが、その権力の源泉である「予算立案」と「税の徴収権」を手放すことはなかったのだ。

ここに書かれていることは、すべて正しいのだが、もう少し具体例を挙げた方が分かりやすいかもしれない。

例えば、経費の案分の問題だ。自営業者のなかには、自宅で仕事をしている人が多い。そこで自宅の家賃や電気代を経費で落とすのだが、当然、そのなかにはプライベートで使う部分が含まれる。そこで、業務用と自宅用に経費を案分して申告する必要があるのだが、それをせずに全額経費で落としているケースが結構ある。そうしたケースを発見した場合、国税は経費を「全否認」することができるのだ。例えば、プライベートに10％使っていた場合は、その部分だけを否認するのではなく、本来の事業に使った経費も含めて、経費の全額を経費として認めないということができることになっているのだ。

　しかし、プライベートをまったく含まない経費というのが、存在するだろうか。例えば、出張をしたとき、ついでに観光地に立ち寄ることもあるだろうし、業務で使う衣装を少しだけプライベートでも着用することもないとは言えないだろう。

　そうなると、大部分の経費を国税は自由に否認することができることになる。私の知人は、かつて山菜料理を提供する料亭を経営していた。山菜取りに出かける費用は経費として申告していた。しかし、税務調査の際に「なぜ山菜料理の店を始めたのですか」と聞かれ、「山菜取りが趣味だったから」と答えたところ、山菜取りの経費がすべて否認されたという。山菜取りは趣味であり、趣味に使った費用は経費として認められないということだったそうだ。結局、彼の料亭はそのことがきっかけで廃業に追い込まれてしまった。

　経費が否認されると、その分、法人税や所得税が増えるだけでは済まない。重加算税が課されるからだ。重加算税の税率は、申告書を提出している場合原則35％、申告書を提出していない場合は原則40％となっている。さらに重加算税には、延滞税が加算されるケースが多い。延滞税の税率は２０２４年度の場合、納付期限の翌日から2

か月以内で年率２・４％、２か月を経過する日の翌日以後は年率８・７％だ。

財務省批判を繰り返した知人の大学教授のところに税務調査が入った。追徴金は数千万円にのぼったという。「これは不当な決定ではないか」と抗議したところ、「抵抗するなら、重加算税を課しますよ」と脅され、屈服せざるを得なかったという。重加算税を支払うためには、自宅を処分せざるを得なくなるからだ。

つまり、財務省はすべての企業や自営業者どころかサラリーマンも含めて、その生殺与奪の権限を握っていることになるのだ。そのことは、マスメディアにも大きな影響を与えている。

国税に怯えるマスメディア

財務省批判をすると、「税務調査で血祭りにあげられる」事例として、最も有名なのは、東京新聞だろう。ネットメディアの「ＬＩＴＥＲＡ（リテラ）」は、２０１７年７月４日に次のような記事を配信している。(https://lite-ra.com/2017/07/post-3292_3.

html)

直近でもっとも露骨だったのは、2011年から2012年にかけての東京新聞（中日新聞）に対する調査だ。財務官僚に籠絡され、消費財増税へとひた走ろうとしていた当時の民主党・野田政権に対して、東京新聞は〈野田改造内閣が発足増税前にやるべきこと〉〈出先機関改革　実現なくして増税なし〉などの社説で真っ向から批判を展開していた。すると、半年以上の長きにわたる異例の〝調査〟が入り、約2億8600万円の申告漏れが指摘されたのだ。

中日新聞と東京新聞は2016年にも、再び大規模な〝調査〟を受けている。このときは大きな不正はほとんど見つからなかったが、取材源秘匿のため取材先の名前を公開しなかった領収証を経費として認めないなど、重箱の隅をつつくような調査で、約3100万円の申告漏れを指摘された。しかも、こんな少額の申告漏れにもかかわらず、国税当局はこの情報を他のマスコミにリークして記事にさせている。

「2016年の調査は、官邸の意向を受けてのものと言われていましたね。

２０１５年の安保法制強行採決や米軍基地問題での東京新聞の批判に、官邸が激怒し、国税を動かしたのではないか、と」（全国紙政治部記者）

マスメディアに対する税務調査を通じた財務省の圧力と思われる「事件」は枚挙に暇がない。これは、直接ご本人から聞いたので間違いないと思う。産経新聞に特別記者・編集委員兼論説委員の田村秀男という名物記者がいる。経済の造詣が深く、私が最も尊敬するジャーナリストの一人だ。

産経新聞社に財務官僚が政策に関するご進講にやってきたとき、たまたま田村氏が在社していたので、彼が財務官僚の相手をしたという。そして財務官僚の主張の欺瞞《ぎまん》をすぐに見抜いて、コテンパンに論破してしまったそうだ。その直後、産経新聞社には税務調査が入ってきたという。

また、歯に衣着せぬ発言で政府の増税・増負担政策批判を続けている生島ヒロシさんは、２０２４年９月16日のＴＢＳラジオ「おはよう一直線」のなかで、翌月に生島さんの事務所に税務調査が入ることを明らかにした。

繰り返しになるが、もちろん財務省批判と税務調査の因果関係を証明できる事実は、どこにもない。しかし、あまりにこうした事例が多すぎることも事実だ。そして、マスメディアの間では、「財務省を批判すれば、税務調査がやってくる」というのは、常識として深く信じられている。

さらに、マスメディアは税務調査に弱いという特質を持っている。それは、取材源の秘匿をしないといけないからだ。正確な情報を取材しようとしたら、情報提供者を保護することはメディアの責務だ。そうしなければ、誰も本当のことをしゃべってはくれない。そのため、取材先が特定できるような経費の計上がむずかしい。つまり、取材に関して、比較的大きな金額の「使途不明金」を出さざるを得なくなる。証拠のない経費は、国税にとって、格好の攻撃のターゲットになるのだ。だから、どうしても大手マスメディアは、財務省批判に及び腰になる。

また、税務調査が財務省によるマスメディアに対する「鞭」だとしたら、財務省は大手新聞に対して「飴」も与えている。消費税率が10％に引き上げられた2019年10月から新聞が軽減税率の対象となったのだ。新聞は食料品と並ぶ生活必需品だという理屈になっている。ただし、軽減税率の対象は、「定期購読契約が締結された週2回以上発行される、一定の題号を用い、政治、経済、社会、文化等に関する一般社会的事実を掲載するもの」だけだ。ざっくり言えば、宅配の一般紙だけが軽減税率対象で、駅売りのスポーツ紙とか週刊誌は対象となっていない。しかし、「報道」という活動をしているのは、週刊誌やスポーツ紙も同じだ。私自身の経験で言っても、最近、きちんとした政府批判や調査報道をやっているのは、むしろ週刊誌やスポーツ紙のほうなのだ。逆に言えば、財務省に逆らう週刊誌やスポーツ紙は増税するということで、財務省が大手新聞社に無言の圧力をかけているとみることもできるだろう。

ニュースステーションで何が起きたのか

財務省とマスメディアの関係を考えるうえで、ここでは「ニュースステーション」を採り上げたい。ご存じない方のために簡単に記しておくと、ニュースステーションは1985年10月から2004年3月まで、19年間にわたって平日夜に生放送されたテレビ朝日系列の報道番組だ。それまでテレビ局制作が常識だったニュース番組をテレビ朝日とオフィス・トゥー・ワンの共同制作の形に変更し、司会の久米宏氏の軽快なトークとエンターテインメントの要素をふんだんに盛り込んだコーナー展開によって、「ニュース番組に革命を起こした」とも評され、全4795回の平均視聴率は、関東地区で14・4％と圧倒的な国民の支持を受けた番組だ。人気の秘密の一つは、制作陣に記者クラブに属さないオフィス・トゥー・ワンという芸能プロダクションのスタッフが大量投入されたことによって、一切の忖度なしに、徹底的な政府批判が可能になったことだった。

第一章で書いたように、私はニュースステーションのコメンテータを、番組終盤の4年間、2000年1月から2004年3月の最終回まで務めることになった。当時の番組制作側の意識は、「権力者や金持ち優遇は許さない」「庶民の暮らしを最優先させるべき」「利権と癒着と腐敗を繰り返す自民党政権を、真実を明らかにすることによって下野させる」「行革なしの安易な増税は絶対に許さない」といったものだった。そして、その意識は、番組プロデューサーにいたるまで、きちんと共有されていた。

しかし、ニュースステーションは、絶好調の視聴率を抱えるなかで、2004年に終了することになった。表向きの番組終了の理由は、司会の久米宏氏が降板したいという強い意向を示したことだとされている。実際、久米宏氏は会見で、「もう疲れた。

やるべきことはすべてやった」と述べている。ただ、私はその説明に納得していない。制作陣は、まだまだ番組を続けたいと思っていたし、目の前で久米宏氏をみていて、体力もやる気もまったく衰えていなかったからだ。だから、私は確信している。ニュースステーションは、久米宏氏の意向で終わったのではなく、どこからかの強い圧力で強制終了させられたのだ。主犯は、財務省だろう。そのことを示唆する傍証はある。

ニュースステーションは、古舘伊知郎氏が司会を務める「報道ステーション」に引き継がれた。私は、古舘氏はかなり頑張ったと思うが、それでも番組の政府批判のトーンは、明らかに半減した。そして、最も変わったのは、財政政策へのスタンスだ。報道ステーションには「借金時計」が毎日のように登場し、日本が抱える借金の総額が、大モニターにリアルタイムで表示されるようになったのだ。もちろん、財政危機を煽り、増税への布石を打つことだった。

さきに紹介した大村大次郎氏の『朝日新聞が財務省の犬になった日』には、次のように書かれている。

朝日新聞は、2000年代以降、たびたび国税局の調査において、重大な課税漏れを指摘された。2005年、2007年、2009年、2012年に、「所得隠し」などをしていたことが報じられている。

特に、2009年2月に報じられた脱税は、ひどいものだった。

その内容というのは、東京国税局の税務調査で、2008年3月期までの7年間に約3億9700万円の所得隠し（仮装・隠蔽）をしていたことが、わかったというものだ。この所得隠しのうち、約1800万円は「カラ出張」だった。

カラ出張とは、出張したと見せかけて出張費を経費で落とし、そのお金をほかに流用することである。公務員などがこれを行い、たびたび問題となっていた。それを朝日新聞の記者たちが行っていたのだ。

そして、このときは、「所得隠し」以外にも申告漏れが指摘されており、申告漏れの額は全部で約5億1800万円だった。

課税漏れには、「単なる課税漏れ」と「所得隠し（仮装・隠蔽）」の2種類がある。「単なる課税漏れ」というのは、経理のミスや、税法の解釈誤りで生じるものだ。

一方、「所得隠し（仮装・隠蔽）」というのは、売上を隠したり、架空の経費をでっち上げたりするなどの「不正行為」のことである。不正行為があった場合は、重加算税という税が課される。そして、不正行為の額が大きい場合は、「税法違反」で起訴されることになり、それが事件用語においてのいわゆる「脱税」である。

脱税として起訴される所得隠しの金額の目安は、だいたい2億円程度とされている（それより少ない金額でも起訴されることはある）。朝日新聞の所得隠し額は約3億9700万円であり、起訴されてもおかしくない額なのだ。

つまり、朝日新聞は、運よく起訴を免れていただけであり、内容的には刑事事件に該当する「脱税行為」を行っていたのである。

筆者は、元国税調査官であり、いろんな脱税行為、所得隠し行為を見聞きしてきたが、「カラ出張」というのは相当に悪質なものである。かなり素行の悪い企業でも、カラ出張まで行うようなことはめったにない。

このときは朝日新聞もヤバいと思ったらしく、京都総局の当時の総局長を停職処分にしたり、東京、大阪、西部、名古屋の各本社編集局長を減給処分にしている。

また2005年に報じられた所得隠しの内容も、ひどいものだった。会社に業務委託費の名目で費用を支払うなどという、かなり悪質なものだった。

ロンドンなど海外の子会社に対しておよそ4700万円を業務委託費の名目で支出しており、また名古屋本社では約4000万円を販売経費の名目で支出しながら販売店の所長らとの懇親会の費用などに充てていたという。このとき朝日新聞は11億8000万円もの申告漏れがあり、そのうちの一部は、不正行為があったとして、重加算税が課せられている。

通常、課税漏れをする企業というのは、そのお金をプールしていたり、経営者が個人的に貯蓄するというものが多い。しかし、朝日新聞はそうではない。朝日新聞の課税漏れの大きな特徴は、税金を誤魔化して得たお金を記者個人個人が飲み食いなどに使うということである。

つまりは、記者たち個人個人の税金に関する感覚が緩いということである。

（中略）

2012年3月30日にも、朝日新聞の課税漏れがあったというニュースが報じられている。朝日新聞は、東京国税局から5年間で約2億5100万円の申告漏れを指摘されたのだ（たとえば以下。https://www.nikkei.com/article/DGXNASDG3000Y_Q2A330C1CR0000/）。このときも、不正行為（仮装・隠蔽）があり、重加算税が課せられている。

そして、この所得隠しが報じられた翌日、朝日新聞はまるで財務省に降参するような形で、衝撃的な社説を発表することになるのだ。

2012年3月31日のことである。

朝日新聞は、「税制改革の法案提出　やはり消費増税は必要だ」と題した社説を発表した。

その社説には、「高齢化が急速に進むなか、社会保障を少しでも安定させ、先進国の中で最悪の財政を立て直していく。その第一歩として、消費増税が必要だ。私たちはそう考える」と記されており、消費税を強力に推進する内容となっていた。

これまで述べてきたように、朝日新聞は、消費税の原型である売上税を廃案に追い込み、消費税にも反対し続けてきた。それを手のひらを返すようにして、消費税推進派に転向したのである。

この社説に、驚いた人も多いはずだ。

そして「いつも国の方針に反対ばかりする朝日新聞でさえ消費税を推進するのだから、消費税の増税はやむを得ないのではないか」と考えた人も多かっただろう。

本来、報道機関というのは「公正中立」でなければならないという建前がある。新聞社が、これほど明確に「自分の主張」を行うというのは珍しいことでもある。

これまで述べてきたように、消費税というのは、大企業や富裕層を楽にし、庶民を苦しめる欠陥だらけの税金である。常日頃、「庶民の味方」を標榜してきた朝日新聞としては、異常なことのように思える。

もちろん、朝日新聞が「転向」したことと、「朝日新聞が追徴課税を受けたことによる影響」は、当然、疑われるべきである。

というより、追徴課税の報道があった翌日に、転向を発表するなど、こんなわかりやすい「利に転ぶ姿」はめったにないと言える。

注目すべきは、ニュースステーションが終了した2004年の翌年から、朝日新聞社が税務調査で血祭りにあげられ、執拗と言ってもよいほど、繰り返し調査を受けるようになったという事実だ。それは、朝から晩まで警察の取り調べを受けた被疑者が、落ちてしまうのと似ている。朝日新聞は完落ちしてしまったのだ。それが利に転んだということだと思う。

財務省に「転んだ」朝日新聞の姿勢は、現在でもまったく変わっていない。例えば、いま朝日新聞を代表する論客となった原真人編集委員は、2024年9月23日の朝日新聞紙面に「斜陽の経済大国　明日への一石〜大変革期を考える　身の丈にあった社会設計　考える時」と題する解説記事を書いている。その一部を紹介しよう。

12年末に発足した第2次安倍政権は「日本を、取り戻す」というスローガンを掲げ、財政や金融政策を広げるアベノミクスを始めた。そこで取り戻そうとしたのはどんな日本だったのか。

バブル絶頂期の経済的繁栄や産業競争力を、当たり前のことのように受け止めてきた国民は少なくない。それが身の丈以上の経済や社会保障を求める背景にあった。政治は要望に応えようとし、マスメディアの大勢もそれが当然であるかのように報じた。その発想が生み出したキーワードが「失われた10年」や「失われた20年」だったのではなかったか。アベノミクスの思想もその延長線上にある。

（中略）

日本の社会保障は「世界で最も豊かな国」としてのサービス水準が求められてきた。90年度からの33年間でGDPは3割しか増えていないのに、年金や医療など社会保障給付費は3倍近くにふくらんでいる。十分な財政の裏付けがないのに予算は右肩上がりだ。

与野党とも増税のような有権者に嫌われる政策は避けがちだった。その結果が1300兆円にのぼる国と地方の長期債務であり、国債を日銀が買い支える状況だ。世界最悪の借金財政の責任は政治や財務省だけでなく、国民も問われねばならない。

1億2千万人の人口に合わせて整備されたインフラを今後維持していくだけでも大きな負担だ。防衛費や子育て予算を増やす計画もある。人口減少社会の日本がどれもこれもと巨額歳出を続けていくのは限界が来ている。

社会保障やインフラをどう保ち国民負担をどこまで許容するか。国民に不人気な政策や負担増を真剣に考えるべき時なのに、自民党総裁選や立憲民主党代表選で議論が尽くされているとは思えない。

財務省に忖度する御用メディアや御用学者は、財務省が目指す①社会保障カット、②増税、③増負担という三つの政策を正当化するために、国民の目をあざむく論理を展開する。そこでは、事実を歪曲したり、大切なことをあえて隠蔽したり、矮小化するということが日常的に行われている。

例えば、原氏の解説記事をみたら、読者の大部分は、日本の社会保障が高度成長期に水膨れした大盤振る舞いのものだと信じてしまうだろう。それでは、実態はどうなのか。

ニッセイ基礎研究所は、2014年1月に『(公的年金)：期待される私的年金制度の充実～年金所得代替率の国際比較から～』というレポートを発表している。

(https://www.nli-research.co.jp/files/topics/52200_ext_18_0.pdf)

このレポートには、OECDが行った「平均的な男子労働者の年金受給の所得代替率」の国際比較が掲載されている。所得代替率というのは、高齢者が現役世代の平均的な手取り収入の何％の年金収入を得ているのかという数字だ。比較を一瞥しただけで、欧米諸国の高齢者は現役世代の7割前後の年金を得ているのに対して、日本だけが、その半分の水準の年金しか得ていないという事実が目に飛び込んでくる。

「いまの高齢者は高度成長期に作られた手厚い社会保障に安住している」という財務省御用軍団が常に口にする批判は、捏造に近いデータによって支えられているのだ。

その他にも、「日本の消費税率は国際的にみたらまだまだ低い」（アメリカには消費税そのものが存在しない）、諸外国でも社会保障の財源は消費税が充てられている（社会保障の主要財源は社会保険料と一般財源の税収が基本）、「日本の財政は借金でクビが回らなくなっている」（日本の財政は、保有する資産をカウントすれば、世界でも最も借金が少なく健全）など、御用軍団がつき続けているウソは枚挙に暇がない。それでも、そうしたウソが、新聞やテレビを通じて毎日繰り返されていれば、知らず知らずのうちに、国民は洗脳されていってしまうのだ。

こうした御用軍団の財務省への忖度は、若手論客にも広がるどころか、さらに巧妙

国名	公的年金	強制的職域年金	私的年金（拠出型）	合計
スペイン	73.9			73.9
イタリア	71.2			71.2
フランス	58.8			58.8
スウェーデン	33.9	21.7		55.6
ドイツ	42.0		16.0*	58.0
イギリス	32.6		34.5*	67.1
オランダ	29.5	61.1		90.7
米国	38.3		37.8	76.2
カナダ	39.2		33.9	73.1
日本※	35.6			35.6

（%）

※平成21年度財政検証基本ケース（男子単体）では、2050年の所得代替率を36.7%としている。
（出所）OECD「Pension at a glance 2013」p.137より

OECD諸国の所得代替率（総所得代替率ベース）

化している。以下は、私の近著『官僚生態図鑑』からの引用だ。

２０２４年８月25日の日本テレビ「真相報道バンキシャ！」にコメンテータとして出演した社会学者の古市憲寿氏は、司会の桝太一氏から「次の自民党総裁に求められる資質」を聞かれて、次のように答えた。

「国民に嫌がられることをできるかだと思います。たとえば、減税というのは誰でもできる。ただ、日本の一番の問題は社会保障制度だと思う。団塊の世代が後期高齢者になり、２０４０年には団塊ジュニアも高齢者になる。そのなかで医療や年金などの社会保障費が莫大に膨らんでいく。いまの社会保障の仕組みは、若者が多かった1960年代、70年代に作られたものなので、もつわけがない。これまでの政権は全部、逃げてきた。そこに手を突っ込めるくらい圧倒的な人気を得て、国民の理解を得ながら社会保障改革を進めていけるトップになってくれたらいいなと思います」

一見、それっぽいコメントなのだが、古市氏の発言には、重大な事実誤認、あるいは歪曲が存在する。

日本の財政は、世界有数の莫大な借金を抱えており、これ以上財政赤字を増やすわけにはいかないから、社会保障改革が必要だ、というのが彼らの立場だ。社会保障改革というのは、給付のカットと負担増を意味する。

まず、財政状況に関していうと、岸田政権はとてつもない財政緊縮を進めてきた。

安倍政権末期の2020年度、国の一般会計決算の基礎的財政収支は80兆円の赤字だった。財務省は、いまだにその事実を隠蔽し、この数字は、財務省のホームページのどこにも出てこない。経済財政諮問会議の配布資料に記載されているだけだ。

なぜ財務省がこの事実を隠すのか。それは、年間80兆円も赤字を出して、経済に何の問題も起きなかったことが国民に知られるとまずいからだ。

（中略）

岸田政権が進めた財政緊縮によって、2025年度の赤字は4兆円にまで縮小する見通しだ。しかも2025年度予算は、税収を過少推計しているので、日本の財政はすでに単年度では実質黒字化されている。先進国でもっとも財政が健全なのは、日本なのだ。

にもかかわらず、岸田政権は、社会保障改革カットを冷酷非情に進めてきた。たとえば、政府は2025年度予算の概算要求基準で、社会保障費の自然増を4100億円とすることを決めた。自然体で計算すると高齢化に伴う社会保障費は年間1兆円ずつ増えていく。それを4100億円に圧縮しろというのは、残りの5900億円分を社会保障給付のカットか負担増で達成しろという話だ。社会保障費のキャップ制と呼ばれる仕掛けなのだが、これを政府は毎年続けてきた。

つまり、これまでの自民党政権は国民に不人気の社会保障カットという政策をこっそりと、しかし、とてつもない規模で実施してきたのだ。

古市氏は「減税は誰でもできる」と言うが、現実は「社会保障カットは誰にでもできる」が、この数年、「本当の減税は誰もできなかった」のだ。2024年9月に行われた自民党総裁選挙でも、立憲民主党代表選挙でも、消費税の基本税率を引き下げると主張した候補者は、ただの一人もいなかったのだ。だから、「減税という政策は誰にもできない」というのが正しい政治家の評価なのだ。

ちなみに石破茂政権の財政政策は、基本的に岸田政権の緊縮政策を踏襲している。石破氏は、2024年の自民党総裁選挙でも、解散総選挙でも、日本の景気が失速しようとするなかで、消費税減税の可能性を否定し続けた。その結果、働く人の手取りを減税で増やそうという政策を前面に掲げた国民民主党とれいわ新選組が爆発的に得票を増やして与党が惨敗したというのが、解散総選挙の結果だった。

しかし、大手メディアはその実態を正確に伝えない。

財務省が用意しているのは、税務調査というムチだけではない。アメも用意している。

財務省のレクチャーに忠実な論評を続けた言論人は、財務省関連の審議会委員として登用され、さらにそこで優秀な成績を収めると、事実上の天下り先さえ用意される。

また、消費増税容認に転じた大手新聞のために、消費税の税率が10％に引き上げられた際、宅配の新聞だけが８％の軽減税率を適用されるようになった。同じ報道の仕事をしているタブロイド紙や週刊誌の税率は10％に引き上げられたにもかかわらずだ。

（一部、総選挙の部分を加筆した）。

ここまで、朝日新聞のことを中心に書いてきたが、財務省に転んだスタンスは、他の大手新聞も同様だ。例えば、２０２４年10月26日、総選挙が行われる前日の一面に掲載された記事を引用しておこう。

まずは、毎日新聞の前田浩智主筆が書いた記事だ。

立憲民主党は首相経験者の野田佳彦代表を「選挙の顔」に据え、安定感の演出を図りました。リベラル色を薄め、自民党を離れた保守層や無党派層の受け皿になる構えです。

主張の中心は政治とカネの問題です。異論はありません。ただ、政権担当能力を示すのなら、各政策をもっと財源の裏付けをもって語るべきです。民主党政権の失敗を克服するのであればなおさらでしょう。

一方、同日の読売新聞は、「拝啓　有権者の皆さんへ」と題する橋本五郎特別編集委員の記事を掲載している。

今回の衆院選は「政治とカネ」一色の観があります。政治資金パーティーの不記載問題で政治への信頼は地に落ちました。「信なくば立たず」です。国民の支持なくして政策は遂行できません。ただ選挙にあたっては「政治とカネ」は必要条件であっても十分条件ではありません。

地方は疲弊し、国力は一段と衰退しつつあります。ウクライナやガザなど世界では戦火が絶えません。北朝鮮や中国の動きを見ても、日本を取り巻く安全保障環境は一段と悪化しています。それにどう対応しようとしているのかも大事な選挙の争点です。

選挙ではいつもそうですが、各党、各候補者は減税や給付の拡大など「バラマキ」が目立ちます、問題はそのための財源を明示しているかどうかです。「財源なき政策」は信用しない。それぐらいの気持ちで各党の公約に目を凝らす必要があります。

「バラマキはいけない。政策を語るなら、財源をセットで明示しなければならない」という主張は、二人とも一緒だ。当然のことを言っていると思われるかもしれない。しかし、ここにこそ、重大なウソ、あるいは意図的な歪曲が存在するのだ。

何か新しい政策をやろうとすれば、必ず費用がかかる。だから、政策遂行のためには、それとセットで増税や増負担による税収増が必要だというのが、二人の主張の背後には存在している。しかし、それは二つの観点から、明らかに間違いだ。

一つは、税収は変動するということだ。例えば1兆円の公共投資を打ったとしよう。公共投資に何の効果もなければ、その費用は税金から捻出しなければならない。しかし、公共投資には経済効果があるから、必ずＧＤＰを拡大する。ＧＤＰが増えれば、それに応じて税収が増える。公共投資がどれだけの税収増を生むかは、公共投資が持つ便益の大きさやその年の経済環境によって異なるが、例えば新しい橋を架けて交通の利便性を高めれば、橋の耐用年数にわたってずっと経済規模は拡大し続ける。当然、税収はその間、増えたままになるのだ。逆に言えば、投資によってもたらされるトータルの税収増が投資額を上回る公共事業だけを行えば、財源を考える必要はないということだ。そうした投資対象は、特に景気のよくないときには、いくらでもある。問題は、財源がその時点で確保されているかどうかではなく、意味のある財政支出であるかどうかなのだ。

もう一つは、財政支出を全体として税収の範囲内に収めるべきだという「財政均衡主義」自体が間違っているということだ。財務省が進めてきた強烈な財政緊縮によって、先にみたように、いまや日本の財政は、基礎的財政収支は基本的に黒字になっているし、日銀を含む「統合政府」でみると、年金の将来負担を含めても、ネットの負債がＧＤＰに占める比率は先進国最低の水準になっている。つまり、日本の財政は世界一健全になっているのだ。そうしたなかで、日本政府は相当の財政出動の余力を持っている。経常的にいくらの財政赤字を高インフレにならずに出し続けられるかは、やってみないと分からない。だが、私の周囲の経済学者は年間30兆円ずつくらいの赤字を継続しても大丈夫だろうという人が多い。ちょうど、消費税を何の手当もせずに撤廃できる水準だ。私自身は年間１００兆円くらいなら赤字を出し続けても大丈夫だろうと考えている。２０２０年度に80兆円の赤字を出して、何の問題もなかったからだ。年間１００兆円の赤字を継続的に出し続けられるのであれば、消費税を撤廃したうえに、国民一人当たり月間5万円のベーシックインカムを給付することができる。それだけで、経済社会は抜本的に変化するだろう。

高インフレが心配なら、例えば消費税を5％に引き下げ、一人3万円のベーシックインカムを給付するといった形で、段階的に財政出動を拡大していけばよい。途中で深刻なインフレになりそうになったら、そこで止めればよいだけの話だ。

ここまでの議論を整理しておこう。まず、新聞やテレビなどの大手メディアは、財務省の緊縮路線に従わないと、財務省の意向を受けた税務調査で莫大な追徴金を取られてしまう。一方で、財務省に隷属することによって、宅配の新聞には軽減税率が適用されるというアメも与えられる。アメはそれだけではない。例えば、財務省に隷属するメディアには、彼らが最も欲しがるスクープのネタも提供される。

メディアで働く報道記者や評論家も、基本構造は同じだ。彼らが抱える一番の恐怖は、税務調査だ。個人であっても、国税当局が数千万円単位の追徴金を課すことは容易だし、数こそ多くはないものの、実際に家を処分しなければならないほどの追徴課税を受けた評論家は、何人もいるのだ。

そうして、大手メディアでは、メディア本体でも、そこで言論活動を展開する記者や評論家の間でも、財務省の政策に疑義をはさむような論評は、行われなくなっていったのだ。そうした傾向は、最近になってより鮮明になっている。２０２４年10月27日に行われた解散総選挙で、自公の与党が過半数割れとなった。野党の協力がなければ予算が成立させられない状況となったのだ。そのなかで、キャスティングボートを握ったのは、議席数を4倍に増やした国民民主党だった。国民民主党の財政関連の公約は、①消費税率の５％への暫定引き下げ、②ガソリン税のトリガー条項凍結解除、③所得税の基礎控除増額で１０３万円の壁を１７８万円への引き上げの3点だった。

そのなかで特に焦点となったのが「１０３万円の壁」の引き上げだった。

基礎控除の引き上げは、財務省が最も嫌う恒久減税だから、財務省が基礎控除引き上げを何とかつぶそうと考えるのは当然の流れだ。財務省は、まず総務省を通じて、全国知事会に圧力をかけて、知事たちに「地方が財政破綻する」という趣旨の反対声明を出させた。国民民主の玉木雄一郎代表は11月13日の東京MXテレビの番組で、「今一生懸命、総務省が全国知事会や自治体の首長に工作を行っている」と述べたうえで、「『こういう発言をしてくれ』『こういう減収があるからやめてくれ』と、村上総務相が村井知事会会長らに連絡して、発言要領まで作っている」と発言した。村上総務相は、そうした工作はしていないと全面否定したが、小池百合子・東京都知事がその可能性を示唆するなど、玉木代表の発言には、それなりの根拠が存在している。

財務省は、大手新聞にも「財源なき減税は無責任」という記事を書かせたとみられる。例えば、いまや最も親財務省メディアとなった朝日新聞は、11月17日に「『壁』議論、地方の不満『行政サービス減る』『減税だけ主張、無責任』」という刺激的な見出しをつけて、以下のような記事を掲載した。

北海道の鈴木直道知事は8日の会見で、引き上げで税収が減れば住民サービスに悪影響が出ると懸念を表明した。「手取りが増えたけど、行政サービスが減ってしまっては、何なのだという話になる」と疑問を呈した。

「減税だけ主張して、あとは知りませんでは責任感に欠ける」と国民民主を批判したのは、島根県の丸山達也知事。8日の会見で「予算が分からないというなら、連立与党に入って中身を知って責任を持ってもらうのが筋だ」と主張した。

神奈川県の黒岩祐治知事は11日の会見で、試算では税収減は最大で1千億円に上るとした。県税全体の1割弱にあたる規模で「大きな影響がある。慎重に検討してほしい」と述べた。

特に政令指定市は影響が大きいとみられている。住民税収は市町村と都道府県で6対4の割合で配分するが、政令指定市だと8対2と多い。熊本市は住民税収入の31%に当たる約170億円の税収減と試算。大西一史市長は「地方への影響を最小限にするよう、議論を求めたい」と訴えた。

仮に一律10%の住民税（所得割）の基礎控除を75万円引き上げると、多くの人は年7万5千円の減税になる。一方で住民税は、40兆円規模の地方税収の約3割を占める最大の税目だ。引き上げが大きな税収減につながれば、自治体にとっては死活問題になる。

さらに所得税の減収は、地方税と並んで自治体財政を支える地方交付税の減額にもつながる。税収分と合わせると、地方の減収はおよそ5兆円になるとみられる。

基礎控除の引き上げは、景気対策などで単発で実施する減税と異なり恒久減税になることも自治体側の不安を大きくしている。財務省では、1回きりの減税であれば国が特例交付金などを出して補填《ほてん》する対応もできなくはないが、恒久減税では難しいという見方が強い。補填措置に期待を寄せる意見に、同省幹部は「住民税の減収を補填するなんて仕組みはない」と話す。

さすがの朝日新聞だ。財務省が書いて欲しいことを忠実に紙面化している。そして、財務省が国民民主党に対して切った最強のカードが、玉木代表の不倫スキャンダルだった。11月11日に、Smart FLASHが玉木代表と高松市観光大使を務めるタレント・小泉みゆき氏の密会を報じたのだ。

私は、スキャンダルが報じられた直後、ラジオ番組で「やっぱり出てきましたね。不倫を正当化するわけではないですが、財務省の政策に反旗を翻すと、財務省は必ずこういうことをしてくる。やり口が汚いと思います」と発言した。その発言がネットで広がり、いまや最も親財務省の政党となった立憲民主党の米山隆一衆議院議員は、自身のXで、「他人のロマンスに興味はありませんが、財務省が政府の意思決定を支配する影の帝王であるばかりか、個人間のロマンス迄意のままに操る『ロマンスの神様』であるとの主張は、幾ら何でも財務省を過大評価しすぎだと思います。財務省に本当にそんな力があるなら、皆さんもっと別の人生を歩んでいますよ」としたうえで、「個人のスキャンダルは政策には関係ありません。だからこそ『(財源なき)178万円への基礎控除引上げ』に賛成の方も、こういう下らない陰謀論を煽るのではなく、歳出削減で対処するなら何処をどう削除するのか、税収が増えるというならどういう試算でそうなるのかを示すべきです」とした。

これまでも述べてきたようにいま日本の財政は世界で最も健全な状態にあり、103万円の壁の引き上げに伴う減収は、とりあえず全額を国債発行という形で、国が全額穴埋めすればよい。消費者の手取りが恒久的に増えれば、それで消費が拡大し、税収も増えるから、そもそも財源の問題など考える必要はないのだ。また、個人間のロマンスまで操る力など財務省にはないという見立てについても、私はまったく間違っていると思う。これまで財務省に公然と反旗を翻したメディアや有識者に関しては、脱税や窃盗、痴漢など、あらゆる罪をでっち上げて潰しに行くことを財務省は続けてきたからだ。私が知る限り、そのことに関しては、一人の例外もないのだ。

ただ、私は大きな変化を感じている。それは、国民民主の玉木代表が、不倫スキャンダルで潰されなかったことだ。多くの国民が「政策とプライベートは別」と判断して、玉木代表を追放すべきという世論は巻き起こらなかった。私の「背後に財務省がいる」というコメントに対しても、これまでは「見当違いの陰謀論」として片付けられていたのが、ネットのコメント欄をみると、賛同してくれる人が圧倒的に増えてきた。国民生活が追い詰められるなかで、増税・増負担政策を続ける財務省に厳しい視線が注がれるようになったことは間違いないだろう。

そうしたなかで、時事通信社が行った2024年11月の世論調査によると、国民民主党の支持率は5・5％で、前月から4・3ポイントの急増となった。自民党、立憲民主党に続き、第3位の支持率だ。東京23区と政令市の「大都市」に限れば、国民民主の支持率は立憲民主を上回った。国民は、財務省と歩調を合わせる増税派の立憲民主よりも、減税を主張する国民民主に大きな期待を示すように変わってきているのだ。

ただ、だからといって、マスメディアや評論家に対する言論封圧が、すぐに弱まることはないだろう。実は言論封圧に関与しているのは、財務省だけでなく、ある意味で、言論規制の総本山とも言える首相官邸も、同様の、あるいはもっと大きな役割を果たしているからだ。そのことは次章で詳しく検証していくことにしよう。

第三章 首相官邸の圧力

第2次安倍政権以降、メディアに対する首相官邸の圧力が一層高まったという話が、よくなされる。私自身もそのことを感じているが、具体的な事例を挙げろと言われても、なかなかそれを実行することはできなかった。官邸は、堂々と表立った圧力をかけているわけではないからだ。

そうしたなかで2020年10月22日の「しんぶん赤旗電子版」が、「官邸のTV監視ここまで　出演者発言・ナレーション・見出し…詳細に、3月前半分A4で700枚、本紙が記録入手」という興味深い記事を掲載しているので、まずそこからご覧いただきたい。

内閣広報室がテレビのニュース・情報番組の出演者の発言を詳細に書き起こした記録文書を、本紙は情報開示請求で入手しました。テレビでの発言を官邸が日常的に監視し、政権の意に沿わない報道に対抗措置を取る狙いがうかがえます。

開示された文書は大別して2種類で、「報道番組の概要」と、「新型コロナウイルス関連報道振り」。A4判で700枚にのぼります。その期間は安倍晋三首相（当時）が「一斉休校」を要請（2月29日）した直後の3月1日から16日まででした。

「概要」に記載されているのは、分刻みの放送時間、ニュースの見出し、出演者の発言です。「一斉休校」「休業補償」など、政府の方針にかかわるテーマが話し合われた時に、〝テープ起こし〟をしたと思えるほど詳細に記録しています。

閣僚や与党の重要議員、各党出席の討論番組などは〝全文起こし〟されています。VTRのナレーションやアナウンサーの発言も含め、徹底した監視ぶりです。

常時監視の対象となっていたのは、平日の7番組と、土日の4番組でした（別項）。平日の日中の番組記録は同日中に提出され、平日夜の番組は翌日、土日の番組は月曜に提出されています。

安倍政権下では、徹底したメディア対策が取られました。特に影響力の大きいテレビに対しては、政権に批判的なニュース番組のキャスターを降板に追い込むこともしました。官房長官時代からメディアに対してさまざまな干渉・圧力を加え、日本学術会議人事への介入にみられるように強権をいとわない菅義偉首相のもとで、これが一層強化されることが懸念されます。

■常時監視番組（並び順は「概要」通り）

〔平日〕

TBS系「ひるおび！」

日本系「ミヤネ屋」（読売テレビ制作）

日本系「スッキリ」

朝日系「羽鳥慎一モーニングショー」

フジ系「とくダネ！」

朝日系「報道ステーション」

TBS系「NEWS23」

〔土日〕

ＴＢＳ系　「サンデーモーニング」
朝日系　「サンデーステーション」
ＮＨＫ　「日曜討論」
日本系　「ウェークアップ！ぷらす」（読売テレビ制作）

この記事の内容は基本的に真実だと思う。ただ、私が一番気になったのは、「安倍政権下では、徹底したメディア対策が取られた」としていることだ。これだと、安倍政権が急にメディアに圧力を加えたようにみえてしまうのだが、それは事実ではない。私は、小泉政権の時代から同様の圧力を受けていたからだ。

正確な日付を記録していないのだが、小泉政権発足直後から、私は小泉構造改革路線に対して徹底的な批判を繰り返していた。当時、私は三和総合研究所というシンクタンクに勤めていたのだが、内閣情報調査室から問い合わせの電話がちょくちょく入るようになった。私のテレビでの発言や雑誌に書いた評論の根拠を問うものだった。最初は週に１度くらいのペースで、それくらいなら問題はなかったのだが、問い合わせはどんどんエスカレートし、ひどいときは一日中電話が鳴り響くことになった。

「森永さん、この論文の根拠となるデータをファックスしてもらえませんか」。
「それは、昨日送ったでしょう」。
「それが紛失してしまったようなので、再送してください」。

しばらくするとまた電話がかかってきて

「森永さん、どうも通信障害でファックスがきていないようなので、もう一度送信していただけますか」。

そんなやり取りが一日中続くようになった。明らかに嫌がらせ、もっと言えば威力業務妨害だ。さすがの私も根負けして、「一度ご説明に伺いたい」という要請を受けざるを得なくなった。

会社にやってきた内閣府の職員は、会議室のテーブルに二つのファイルを置いた。

厚さが12センチはあろうかという分厚いものだった。

「そのファイルは一体なんですか」。

「森永さんの書いたものは、こうしてすべてファイリングしてあるんですよ」。

中身をみると、私が書いた連載原稿だけでなく、新聞や雑誌へのコメントなど、私自身が保存していないものも含めて、完璧なファイリングがなされていた。

「もう一つのファイルは何ですか」。

「森永さんの発言も、すべて文字起こしをして、ファイリングしてあるんです」。

ただし、そこに記録されていたのは、テレビでの私の発言だけで、ラジオの発言はなかった。しかも、発言を記録されていた番組は限定されていた。「しんぶん赤旗」が現在の常時監視番組（平日）として挙げた①ＴＢＳ系「ひるおび！」、②日本テレビ系「ミヤネ屋」（読売テレビ制作）、③日本テレビ系「スッキリ」、④テレビ朝日系「羽鳥慎一モーニングショー」、⑤フジテレビ系「とくダネ！」、⑥テレビ朝日系「報道ステーション」、⑦TBS系「NEWS23」の7本のうち「スッキリ」を除いたすべての番組に私は出演経験があった。なかでも、「ミヤネ屋」と「羽鳥慎一モーニングショー」（前身のスーパーモーニング）、「報道ステーション」（前身のニュースステーション）は、レギュラーコメンテータを務めていた。それらの番組での発言は、すべて記録されていたが、他のバラエティ番組やラジオ番組での発言記録はなかった。

このことから推察されるのは、①首相官邸の厳しいメディア監視は、小泉内閣の時代にはすでに始まっていた、②監視対象にラジオは含まれていない、③テレビでもバラエティ番組は監視対象ではない、ということだ。私は、官邸によるメディア監視は、小泉内閣の時代から基本構造が変わっていないのではないかと思う。『ザイム真理教』を出版して以来、現在の常時監視番組からは完全に干されている一方、バラエティの『がっちりマンデー！』は続いている。また、現在6本抱えているラジオ番組のレギュラーは、すべて安泰だ。そのことが何を意味するのかと言えば、いまや言論の自由が守られている放送メディアは、ラジオだけということになる。私の言論活動の中心がラジオになっているのは、そうした背景があるのだ。

第四章 小市民化した大手メディア社員

私の父は、毎日新聞の新聞記者だった。だから、私は子供のころから父に資料を届けるといった雑用を通じて、毎日新聞本社に出入りをしていた。そのときの経験から、私のなかには、こんなジャーナリストのイメージが焼き付いている。

マスメディアは、1年365日年中無休の24時間操業で、夜討ち朝駆けの取材活動を続ける。その目的は、利権や癒着や腐敗といった権力の暴走を監視するためだ。そのため、ジャーナリストはプライベートを捨て、マスメディアには正義を守るための空気が満ち溢れている。

実際、私が訪れたときの毎日新聞社は、休日でも、どんな時間帯でも記者たちが忙しく動き回っていて、記事を書く記者たちが吐き出すタバコの煙が充満していた。

ところが、最近の新聞社は、ガラリとその姿を変えてしまった。土休日には正面玄関が閉じられ、なかで働く人もとても少ない。喧噪も、タバコの煙もなくなり、まるで一流企業のオフィスのような感じになっているのだ。それは、新聞社だけでなく、テレビ局でもまったく同じだ。

一体何が起きているのか。私は、財務省や首相官邸の圧力に屈したジャーナリストたちが、それまで抱えてきたジャーナリスト魂を捨て、自らのプライベートを優先するという「小市民化」が起きているのだと考えている。

実は、いつの間にか大手メディアの社員は、世間と比べて大変な高給取りになってしまった。新聞なんて儲からないと思われるかもしれない。確かに購読料だけをみればそうだが、新聞には広告が掲載される。景気がよかった時期には、全面広告一つで1000万円を超える大きな広告収入が得られた。テレビの場合はもっと極端で、キー局で15秒のCMを1回流すだけで、100万円を超える放映収入が得られた。しかも、地上波の民間放送局は5局しかないから、価格競争が働きにくい。その結果、地上波各局には潤沢な資金が流入し、制作費も豊かだった。私がニュースステーションのコメンテータをしていた2000年代前半、ニュースステーションの一日当たりの制作費は6000万円とも言われた。本当かどうかは分からないが、現場が巨額の予算を持っていたことは事実だ。

例えば、ニュースステーションの名物コーナーに「桜中継」があった。全国各地の桜を様々な演出でテレビ鑑賞するコーナーなのだが、上空からの映像を撮影するために40メートルクレーンが持ち込まれた。当時は、ドローンがなかったので、それしか方法がなかったのだ。私は、「このクレーンのギャラはいくらですか」とディレクターに尋ねた。ギャラは100万円だった。なぜ、その金額が記憶に残っているのかというと、当時の私のギャラが3万円だったからだ。クレーンのほうが、コメンテータより30倍も高いんだと思ったのだ。もちろん、いまから振り返ると、私のギャラが法外に安かったのだ。いわゆる文化人価格というものだ。

もう一つ、事例を挙げると、ある日、突然、夜から福島でロケがあるから、来てくれないかという連絡がディレクターからきた。当日、私は新潟で講演の仕事をしていた。新潟と福島は東北地域同士で近いように感じるかもしれないが、片や上越新幹線、片や東北新幹線で、直通の新幹線がない。大宮まで戻って、乗り換えないといけないのだ。時刻表を調べると、残念ながら福島への終電が間に合わないことが分かった。

そのことをディレクターに告げると、「新幹線がないなら、タクシーで来てくれ」と言われた。私は磐越自動車道をタクシーで走り続けて、ロケに間に合った。ただ、とてつもないタクシー代がかかったことは、間違いない。

そうしたテレビ局の持つ潤沢な資金は、当然のこととして、テレビ局の局員の処遇にも反映される。バブル期には「フジテレビの内定を取ったら生涯年収8億円確定」と言われた。一般サラリーマンの3倍だ。そうした高処遇は、テレビ業界が冬の時代に入って、現在は少しずつ修正されつつあるが、テレビ局の局員が、いまでもかなりの高処遇を受けていることは事実だ。統計があるわけではないので、正確ではないのだが、私が数人の40歳台後半のテレビ局社員に年収を聞いたら、1500万円程度という答えだった。世間の給与水準を大きく上回っているのだ。

一方で、テレビ局員の仕事は、つぶしが利かない。転職したら、そうした高処遇を放棄しなければならないのだ。実際、ニューステーションの終了後、仕事を失ったディレクターには、厳しい末路が待っていた。例えば、講演会で出かけた地方都市で、ニューステーションの制作をしていたディレクターにばったり出会った。地方自治体や中小企業のPR動画を作っていると彼は言った。その手には、小さなデジタルカメラと華奢な三脚が携えられていた。

そうした現実を前提に、テレビ局の社員の立場にたって、どのような判断をするのかを考えて欲しい。一番、コストパフォーマンスのよい決断は、「保身」を図ることだ。財務省や政権やスポンサーに盾突くようなコメンテータは使わない。番組も財務省や政権やスポンサーの意向に沿ったものにする。少なくとも意向に反する番組は、作らない。そうすれば財務省や政府からの圧力を避けることができるし、視聴者や世間からのバッシングも避けられる。

韓流ブームのとき、来日した韓流スターの歯が真っ白できれいに並んでいることが、情報番組で話題になった。そのとき、コメンテータとして出演していた私はこうコメントした。「そうは言いますが、○○さんは、差し歯なんじゃないんですか」。隣にいたコメンテータが即座に「そんなことはないわよ」と全否定してくれたのだが、直後からテレビ局には抗議の電話が殺到して回線がパンクした。私は、かなり信頼できる筋からの情報に基づいて発言をしたのだが、それが正しいかどうかは問題ではなかった。私の不規則発言を収拾するために、多くのスタッフがかかりきりになってしまったからだ。ただでさえ、制作費の削減で現場に余裕がないなかで、余計な仕事を増やしてほしくないというのが、現場の「本音」なのだ。

そうした本音は、番組に形式主義をもたらす。例えば、最近は、情報番組で自殺の話題を採り上げた後、必ず「一人で悩まず、いのちの電話などの相談窓口に電話してください」といったコメントが入り、連絡先が表示される。私は自殺の連鎖を防ぐためのカウンセリングは重要だと思う。問題なのは、テレビ局が形式的に「相談窓口に連絡してください」という定型文を付加しておけば、自分たちが免責されると考えていることだ。そうでなければ、いつも同じコメントが繰り返されることはない。自殺は、それぞれの背景が一つずつ異なり、連鎖を招かないようにする手法も、それぞれ違うからだ。

それは、差別の問題を避けるという報道姿勢にも通じている。日本には、アイヌの差別とか、部落差別の問題がいまだに残されている。本来なら、そうした差別がどのような背景から生まれ、どのような被害をもたらし、その被害を解決するためにはどうしたらよいのかをきちんと検証、報道することがメディアの役割のはずだ。ところが、現在行われているのは、そうした繊細な問題を徹底的に避けるという番組作りなのだ。当然、コメンテータに求められることは、「触れない」ということに尽きる。

大手メディアがセーフティー・ファースト、つまり事なかれ主義に陥ることの最大の問題は、番組がつまらなくなるということだ。若者のテレビ離れがしばしば話題になる。その原因は、インターネットに市場を奪われたためだと言われる。確かにその影響は大きいだろう。しかし、もう一つの原因は、テレビが本当のことを言わなくなったために、番組自体がつまらなくなってしまったことだろう。どの番組をみても、企業とタイアップした食品をタレントたちが「これすごくおいしい〜」と歓声をあげる。どこからも文句を言われない、何の棘もない番組を一日中垂れ流していたら、視聴者に見捨てられてしまって、当然なのだ。

ここで、なぜテレビと比べてラジオに言論の自由があるのかを、もう一度考えてみよう。先に指摘したように一番大きな原因は、財務省や首相官邸の監視対象にラジオが含まれていないからだ。しかし、もう一つ大きな原因がある。それは、いまラジオ局には、大手企業のスポンサーがほとんどついていないという現実があるからだ。

実は、ラジオの広告宣伝効果は、テレビよりもずっと大きいと私は感じている。私は、B宝館という私設博物館を運営しているのだが、情報ライブ ミヤネ屋で10分ほどの特集を組んでくれたことがあった。好意的に紹介してくれたのだが、それをみて

B宝館を訪れてくれた人は、たった3人だけだった。一方、２０２4年10月にB宝館は10周年を迎えたのだが、その記念イベントをラジオで告知したら、来客は７６０人を数えたのだ。

ただ、大手企業は、必ずしも、そうした消費者の直接的な行動を期待してCMを打っているわけではなく、むしろ企業のイメージを改善するためにCMを打っている。だから、ラジオのような「弱小メディア」をなかなか相手にしないのだ。その結果、ラジオから流れるCMは、ふとんのリースとか、釣り具とか、高齢者向けの相談サービスといった生活密着型のものが中心となる。大手企業のスポンサーよりも中小企業のスポンサーが主流になっているのだ。そうしたスポンサー構造の違いが何をもたらすのか。

例えば、私は数年前から「いまの株式市場は完全にバブルを起こしていて、いずれ株価は大暴落する」という主張を繰り返してきた。しかし、そうした主張をテレビですることは許されない。テレビには証券会社や銀行など、大手金融会社が必ずと言ってよいほど、ついているからだ。もちろん、ラジオ局も私の主張をそのまま垂れ流しているわけではなく、「株価はこれからも上昇し続ける」と主張するコメンテータを登場させて、バランスをとっている。ただ、放送で「多様な意見を紹介する」というのが、放送法の理念であって、メディアとしてはラジオのほうがずっとまともなのだ。

それでは、財務省や政権からの圧力とスポンサーへの忖度のどちらが言論の自由を封じているのかと言えば、私は財務省や政権からの圧力のほうが大きいと考えている。もし、スポンサーからの圧力が主な原因であれば、スポンサーのつかないNHKの番組では、言論の自由が守られているはずだからだ。

実は、いま私は、TBSラジオ、文化放送、ニッポン放送の3局でレギュラー番組を持っているが、何年か前までは、NHKラジオでもレギュラーを持っていた。

政策の論評ができるその番組を私は大切にしていた。番組自体は生放送だったのだが、番組が変わったとたんに、大問題が起きた。それまでは、事前にしゃべることの全文をNHKに送ることになっていた。ところが、担当ディレクターが言わないかファクトチェックが行われるだけだったのだが、新しいディレクターは、私の原稿に徹底的な朱入れをしてきた。特に、最後に述べる結論部分の完全削除を要求してくる事態が頻発したのだ。経済や社会に対する私の論評を紹介する番組なのだから、結論部分を削除されたらたまったものではない。ただ、削除依頼がくるのは、もっぱら財務省や政権批判をしたときに限られていた。

後から聞いて分かったのは、新しいディレクターは、外部の制作会社から派遣されたスタッフだった。だから、私の言論を封じることで、問題を起こさないようにして、自らの雇用を守ろうとしたのだろう。私はNHKの上層部に言論統制に関して、強く抗議したのだが、結局、私は番組のリニューアルとともに解任されることになった。担当のディレクターがどうなったのかは、聞かなかったので、知らない。

ここまでの事例で分かるように、言論統制には権力者からの圧力に加えて、制作現場の「保身」が大きな役割を果たしている。そしていま、その「保身」が報道現場に限らず、芸能界にも大きな影響を与えるようになっているのだ。

コンプライアンス元年

ニューステーションの放送が「終了」した翌年の2005年、メディアの世界に大きな変化が訪れた。この頃から、「コンプライアンス（法令遵守）強化」という風潮が急速に広がっていったことだ。先陣を切ったのは、お笑いの世界を牛耳る最大手の吉本興業だ。

その象徴的な事件が、極楽とんぼの山本圭壱氏が、所属する吉本興業から解雇（厳密に言うと契約解除）されたことだった。

２００６年７月16日の夜、山本氏は滞在していた函館市内のビジネスホテルに、現地で知り合った17歳の未成年の少女と飲酒および性行為を行った。少女はその後すぐに、「性行為に同意がなかった」との被害届を警察に提出した。山本氏は、７月18日に警察から任意の事情聴取を受け、「合意はあった」と主張したが、任意聴取の直後、山本氏が所属していた吉本興業は、専属マネジメント契約の解除を通告した。詳細な事情を調べず、本人からの弁明を聞くこともなく、いきなりクビにするという電光石火の判断を下したのだ。

そうした拙速な判断は、不的確なものになることが多い。実際、２か月後の９月中旬に被害者の少女および保護者と山本氏との間に示談が成立して、告訴が取り下げられたため、山本氏は不起訴処分となった。にもかかわらず、山本氏が吉本興業に復帰したのは、事件から10年も経った２０１６年のことだった。

ただ、同じようなことが、その後も頻発することになる。例えば、お笑い芸人アンタッチャブルの柴田英嗣氏は、２０１０年１月から１年間芸能活動を休業した。だが、休業明けの後も、アンタッチャブルとしての活動は許されず、『全力！脱力タイムズ』（フジテレビ）でアンタッチャブルとしての漫才を披露したのは、約10年後の２０１９年11月のことだった。

休業の理由は長い間明かされなかったが、コンビ復活の後、柴田氏は女性とのトラブルで警察の事情聴取を受けて、女性に示談金を支払ったことを明らかにした。柴田氏のケースでは、このトラブルで逮捕もされていない。しかし、10年間も大手メディアから干されてしまったのだ。

このことからすぐに分かるのは、所属タレントの行動を縛るための新たな規制の導入は、必要とされないということだ。昔から「不純異性交遊」はダメだったからだ。ただ、芸能界には、それが厳格に適用されていなかった。かつては歌舞伎役者が愛人を持つのは「芸の肥やし」であり、愛人を堂々と自分の家に入れるということが平然と行われていた。歌舞伎の世界だけではない。戦前に活躍した上方落語の初代桂春団治は、奔放な女性関係で知られ、「芸のためなら女房も泣かす」と『浪花恋しぐれ』

のなかでも歌われている。しかし、コンプライアンス元年以降、一般社会に適用されるルールが、芸能界にも厳格に適用されるようになった。その背景は一体何なのか。2019年7月30日の「現代ビジネス」がジャーナリストの時任兼作氏の書いた興味深い記事を掲載しているので、まずはそれをご覧いただきたい。

(https://gendai.media/articles/-/66199)

反社会的勢力と芸人の交際に端を発した「吉本騒動」が、意外な方向に発展している。

「政治レベルで大問題になりつつある。それというのも、多額の税金が投入される政府系の出資事業に多数絡んでいることが明るみに出たからだ」

経済産業省関係者はそう語る。同省が資金提供している官民ファンド「クールジャパン機構(正式名称は株式会社海外需要開拓支援機構)」が、吉本興業がかかわる事業に多額の出資を繰り返してきた事例については、前回の記事「渦中の吉本興業に『クールジャパン』で巨額の税金が注ぎ込まれていた」で報じたが、改めて振り返っておこう。

同機構は、日本のアニメや食文化などの魅力を海外に発信するほか、インバウンドの増加を促進することを目的に2013年に安倍政権の成長戦略の目玉として設立され、現在は安倍首相の信頼の厚い世耕弘成経済産業相のコントロール下にある。同機構はこれまで、次のような出資を行った。

1．2014年、吉本興業や電通などで構成されるコンソーシアムによるエンターテインメント・コンテンツの創作とアジア各国への発信事業に10億円を投資。

2．2018年、吉本興業が参加する大阪城公園でのエンターテインメント発信事業に対し、12億円を投資。訪日外国人観光客などを対象としたものだが、同時にエンターテインメント産業を担う人材の育成も図る。大阪城公園内には「クールジャパンパーク」なる施設が開場、吉本興業所属芸人の公演などがこの夏も実施されている。

3．2019年4月、吉本興業がNTTと提携し、教育コンテンツを発信する事業「Laugh & Peace_Mother（ラフ&ピースマザー）powered by NTT

Group」に対して最大100億円まで投資すると決定。事業は沖縄・那覇市を拠点に今年10月から始動し、5GやVR技術などを活用した映像コンテンツを子供向けに発信する予定。

こうした事業に関係する省庁の大臣たちが、騒動を受けて続々と非難の声を上げている。

「文化の健全な振興の観点からもガバナンス（企業統治）、コンプライアンス（法令順守）は極めて重要だ」（柴山昌彦文部科学相）

「吉本興業はクールジャパンのコンテンツ制作者として非常に有力な企業の一つであり、法令順守の徹底や説明責任を期待せざるを得ない」（平井卓也科学技術担当相）

「一国民としてはすっきりしない」（片山さつき地方創生担当相）

クールジャパン機構を管轄する当の世耕弘成経済産業相までも、「一般論として反社会的勢力と付き合うことは厳に慎むべきだ」とコメントした。だが、吉本興業と政府のつながりは、これだけにとどまらない。

「騒動が拡大する最中、吉本がなかなか記者会見を開かなかったのは、『もっと隠したいこと』があったからではないか」

前出の経済産業省関係者はそう疑っている。

「吉本興業の大崎洋会長は2013年以降、クールジャパン機構を含め、安倍政権が重点を置く『クールジャパン戦略』の方向性を策定する内閣直轄機関の委員をずっと務めている。安倍首相がトップとして旗を振る、知的財産戦略本部に設けられた『検証・評価・企画委員会』のことだ。

大崎会長の公的な肩書はこれだけではない。内閣府が主催する『わくわく地方生活実現会議』の委員、また同じく内閣府が沖縄の米軍跡地の利用法を検討するために設置した『基地跡地の未来に関する懇談会』の委員も務めている」

そうした大崎会長の立場が、吉本がかかわる事業への政府出資に影響したのではないか、との声が出かねないというのだ。

クールジャパン機構については言うまでもないが、内閣府の「わくわく地方生活実現会議」も吉本興業の〝仕事〟につながっていた。2018年3月、内閣府は同社とコラボして、所属の芸人が地方の魅力を紹介するほか、その地方に移住した人たちを取材し、政府広報にアップするなどといった地方創生の企画を発表している。

「基地跡地の未来に関する懇談会」に関しては、吉本興業が協賛し同社所属タレントの監督作品なども出品される沖縄国際映画祭や、先に記した教育コンテンツ事業とのかかわりが指摘されていることに加え、カジノ誘致にかかわる利権に食指を動かしているのではないかとの憶測も呼んでいる。政府関係者はこう語った。

「懇談会の今年6月の会合で、沖縄を『エンターテインメントやスポーツで世界一の島にする』といった意見が出た時、ああカジノか、と思った。懇談会の委員の中でこれに直接関係しそうなのは大崎氏だけ。とすると、吉本はいよいよカジノにも進出するのかと」

永田町と霞が関の双方から懸念の声が上がるなか、大崎氏は7月26日に開かれた知的財産戦略本部「検証・評価・企画委員会」を欠席した。

一方で、菅義偉官房長官は非難が集中しているクールジャパン機構の出資について、こうはねつけた。

「経産省の監督の下に適切に実施している」

また、内閣府特命相の宮腰光寛沖縄担当相も吉本興業を庇わざるを得なかった。

「（吉本が）沖縄国際映画祭を開催している実績も考慮し、有識者として知見をお借りしている。現時点で特段の対応は考えていない」

まさに必死の状況だ。

「しかし、庇いきれないのではないか。吉本興業は第二次安倍政権以後、政府系の出資事業にとどまらず、政府が直接取り仕切る各省庁の重点事業にも、がっちりと食い込んでしまっている」

前出の政府関係者は、そう指摘して実例を列挙した。以下はいずれも、中央省庁と吉本興業が提携しての事業だ。

・**経済産業省**　毎月最後の金曜日に合わせて行われるイベントやセールなど、消費喚起キャンペーンの実施。昨年夏も「よしもと流プレミアムフライデー　サマーキャンペーン」を開催。

・**法務省**　「再犯防止」や「裁判員制度」のあり方など、法務省の取り組みを紹介する動画を作成。

・**外務省**　海外安全情報配信サービス「たびレジ」の登録を呼びかける動画を配信。
・**国土交通省**　2016年、建設業で活躍する女性を応援するためのキャンペーンを実施。2017年には、建設業の安全教育のための動画を作成。
・**消費者庁**　同庁の活動を伝える動画を配信。2018年には、吉本の芸人との公演も行った。
・**内閣府**　地方創生企画（前述のとおり）。

「吉本の主要株主であるテレビ各局がそのまま利用できるような事業ばかり。吉本にしてみれば一石二鳥ということなのかもしれないが、政府と一企業の距離感としては、いかがなものか」

吉本興業に事業を発注していない総務省関係者は、そう言って呆れる。

こうした事実から、吉本興業がコンプライアンス元年以降、急速に政府との距離を縮め、関係を強化する経営戦略に転換したことは明らかだろう。政府との関係を強化するためには、所属タレントは「品行方正」でないといけない。つまり、コンプライアンス元年は、政府との関係強化をするための布石だったのではないだろうか。

そこまでして、吉本興業が経営戦略を転換した一つの大きな要因は、「電波を手に入れる」ためではなかったのかと私は考えている。

電波は有限であり、一度手に入れると、その利権は延々と続くことになる。堀江貴文氏が近鉄球団の買収に名乗りをあげて注目を集めたとき、当時私がパーソナリティを務めていたニッポン放送のラジオ番組のゲストに堀江氏を招いたことがあった。新事業を次々に買収して業容拡大を図りたいとする堀江氏に私は聞いた。「それでは、いま買収して、一番儲かる事業は何ですか」。堀江氏の答えはこうだった。「そんなの決まっていますよ。東京キー局です。決算上は、それほど儲かっていないように見えますが、それは社員の給与が異常に高いからで、経営権を取得して人件費を正常化すれば、永続的に儲かるビジネスになるんです。何しろ民放地上波の電波は五つしかないから、一種の寡占事業なんです」。

私の番組に出演した後、堀江氏はニッポン放送をくまなく見学して帰ったそうだ。その直後に起きたのがライブドア事件だった。当時は、フジテレビがニッポン放送の子会社になっていて、ニッポン放送の経営権を取得すれば、自動的にフジテレビの経営権が手に入る構造になっていた。そこで堀江氏はニッポン放送株の買い占めに走ったのだ。

ラジオのリスナーの存在を無視し、テレビとはまったく異なるラジオ番組の存在を無視し、単にフジテレビの経営を乗っ取るためにニッポン放送を踏み台にしようとする堀江氏の発想に私は怒り、それ以来ずっと堀江氏と闘い続けることになった。ただ、法律上、会社は株主のものであり、堀江氏がニッポン放送株を買い集めて経営権を取得すること自体は合法だったし、もしそれに成功していたら、大きな安定収入がライブドアにもたらされたことも事実だ。

安定的なビジネスに「箱」が重要という事実は、横浜ベイスターズの経営でも実証されている。ディー・エヌ・エーがベイスターズを買収する前、ベイスターズは毎年10億円以上と言われる巨額の赤字を垂れ流し続けるお荷物球団だった。しかし、いまやベイスターズは、ディー・エヌ・エーの展開する事業の柱といってもよいほど、高収益のビジネスに変貌した。ディー・エヌ・エーは、さまざまな経営改革を行ったが、一番大きな改革は、横浜スタジアムという「箱」を買収したことだった。それまでは、スタジアムにどれだけ客を集めても、飲食や物販で稼いでも、一定割合は横浜スタジアムに「上納」しなければならなかった。それがスタジアム自体を買収することで、収益拡大分がすべて自分のものになるように変わったのだ。

吉本興業が狙った新たな経営戦略も、まさに同じことだったのだろう。そして、2022年3月21日、ついにBSよしもと株式会社が電波を送信し始めた。BSよしもとは、BSデジタルテレビジョンの放送局で、無料チャンネルだ。地上波ほどは大きな収益をもたらさないが、それでも吉本興業にとって大きな利権となる。その電波の許認可を握っているのは、もちろん政府だ。

吉本興業は、2011年からすべての都道府県に住みます芸人と社員が拠点を置く「あなたの街に住みますプロジェクト」をスタートさせ、笑いの力で政府が目指している「地方創生」を実現するというコンセプトを掲げて活動をしてきた。そのプログラムのなかで、地域の魅力を発掘し、BS放送を通じて、全国に地域活性化のヒントを発信するという構想を吉本興業は明らかにしている。利権が欲しいのではなく、あくまでも日本全体の地域活性化に役立ちたいというのが、表向きの放送メディアを獲得する理由づけなのだ。

吉本興業は2008年3月まで「ヨシモトファンダンゴTV」を放映していたが、

それは「スカパー！」の放送枠を利用したものだった。また、大阪のCS放送局であるGAORAを通じた独自制作番組の放映もしていたが、BSよしもとの開局でついに独自メディアを手に入れたことになる。

しかし、そのことで吉本興業が失ったものも大きい。昔から芸能の世界では、「風刺」が一つの分野として確立しており、現代でも、お笑いコンビ・ウーマンラッシュアワーの漫才はその典型だ。メンバーの村本大輔氏は、沖縄米軍基地、原発、震災、北朝鮮問題などの繊細な問題もネタとして採り入れ、「朝まで生テレビ！」などの討論番組にも出演した。ウーマンラッシュアワーほど先鋭化してはいないが、爆笑問題の漫才も、ベースは風刺にある。

また、風刺ネタに限らず、およそ芸能活動というのは、政府から最も遠いところに存在することで、光を放ってきた。芸能人に品行方正を求めるということは、その光を奪うということにつながる。

私が長年お世話になってきたお笑い芸人がいる。常日頃から「不純異性交遊をするために芸人になったのに、それができなくなったら、何のために芸人になったのか分からない」と言っていたのだが、彼は大変賢い人なので、コンプライアンス元年以降の環境変化を敏感に受け止めて、数人いた愛人をすべて「処分」した。彼が一般人と同じ品行方正の行動を採るようになった結果、いまだに第一線で活躍を続けている。「芸人は愛人を抱えてよい」と言っているのではない。ただ、正直に言うと、彼の芸は、品行方正になる前のほうがはるかに面白かったのも事実なのだ。

吉本興業が収益を拡大させるために行った政府との距離を縮める経営戦略は、批評ネタを封じ、芸能を萎縮させるという「文化破壊」をもたらしたのだ。

ホリエモンの変心

政府との距離を縮めるという経営戦略に関して、もう一つの事例を紹介しよう。起業家の堀江貴文氏が２０２３年10月12日に自身のYouTubeチャンネルに「増税に文句言うやつばっかりだから解説します」と題した動画を投稿した。

「そもそも物価高に苦しむ世帯はほとんど税金を払ってない。６割以上の人たちが（所得税は）税率５％、８割の人は税率10％以下」「消費税って実は、金持ちの方が全然払っている」と主張した。

その上で「月に20万円しか使わない人って、税金2万円しか払わない。月に1000万円使う人って100万円払う。2万円と100万円は100万円がでかいに決まってるから、金持ちから取ろうと思うんだったら消費税上げた方がいい」と語った。

もちろんこの主張は完全な誤りだ。収入に対する税負担の割合が、収入が高まるほど下がっていくという「消費税の逆進性」を否定する学者はいないし、データに基づいて完全に実証されている。それどころか、金持ちは実質的に消費税をほとんど支払っていない。彼らは、飲食も、ゴルフも、旅行もすべて会社の経費で、経費で支払った消費税は仕入れ控除で全額戻ってくるからだ。かつてカルロス・ゴーン氏は、嫁の誕生日パーティーの費用まで会社に付け回していた。

だから本当に金持ちを増税しようと思うのであれば、金融所得を含めてすべての所得を合算して総合課税に変更するとか、退職金に適用されている2分の1軽課を廃止するとか、高級品に課す物品税を復活させるとか、方法はいくらでもあるのだが、「金持ちから税金を取るために消費税率を引き上げろ」という主張は、本末転倒なのだ。

２０２４年11月に国民民主党が求める「１０３万円の壁」の引き上げに関しても、堀江氏は２０２４年11月15日のYouTubeチャンネルで、「自分にはあんまり関係ないから、ちゃんとは調べていない」と前置きしつつ、「ちょっと増えても税額何千円とか1万円とか、せいぜいそのぐらいのみみっちい話なんだよね」と指摘した。「最大の問題は結局、社会保障費なんですよ。要は国家予算の中に含む社会保障費、プラス年金とか健康保険とか別会計でやってるから、めちゃくちゃややこしいんだけど、国家予算の規模超えてるんだよね」と指摘したうえで、「これをとにかくバッサリやらないとどうにもならない。永続的に必要な財源なので、国債で一時的にまかなえるようなものではない。小手先の改革ではどうにもならない」ので、「１０３万円の壁とか、どうでもいいと思う」と切り捨てた。

社会保障予算が、一般会計を超えていること自体は事実だが、１０３万円の壁を１７８万円まで引き上げると、所得のさほど大きくないサラリーマンでも年間10万円程度の減税になるから、けっして「みみっちい」話ではない。また、１０３万円の壁の引き上げが小さいから、それよりも社会保障費を大幅にカットして、国家財政を守るべきというのは、明らかに論理の飛躍だ。結局、堀江氏の主張は、「減税はしない。

社会保障はカットする」という財務省の基本スタンスを、形を変えて述べただけなのだ。

それでは、堀江貴文氏は、なぜこうしたおかしな屁理屈を並べて、財務省が泣いて喜ぶ「増税・増負担・社会保障カット」という基本方針への応援コメントを続けるのか。

証拠があるわけではないが、巨大な「報酬」があるからだと私は推測している。政府は2030年代前半までに、国産ロケットを年間30回打ち上げる目標を掲げている。その際使われるロケットは、JAXAが開発したH3になる予定だが、なぜかそれと同時に民間のロケット事業を育てることにもなっているのだ。

そうしたなかで、2024年9月に驚くべきニュースが飛び込んできた。文部科学省が民間のロケット開発の支援制度で、堀江貴文氏が創業に関わったインターステラテクノロジズ（IST、北海道大樹町）など3社に追加の補助金を出すと発表したのだ。支援額は、3社合計で100億円を超える見込みだという。

そもそも、私には民間の開発事業が必要なほどロケット打ち上げの需要があるとは思えない。おそらく、政府はJAXAだけでは足りない天下りポストを増やすため、民間のロケット事業拡充を睨んでいるのだろう。もちろん、その天下りを支える財源は、消費税増税になる。堀江貴文氏は、その戦略を若者に大きな影響力を与える発信力を用いて、支援しているのではないか。

ただ、堀江氏の主張は、素人でもすぐに正体が見破れるほどナイーブなものだ。ところが、もっと精緻に政府支援の言論を展開する「知の巨人」が登場した。それが、池上彰氏だ。

第五章 池上彰化とその先

いま最も人気を集めている「コメンテータ」は池上彰氏だろう。大きな選挙や災害があったときには、必ず一番よい場面で登場し、自らの冠番組も持っている。「テレビの世界で最も分かりやすく、権威のある解説をしているのは、池上彰だ」と多くの国民が確信しているのだ。それは何故なのか。私は、池上氏がそれまでのコメンテータの在り方を大きく変えたからだと考えている。

そこで、まず東京新聞記者の望月衣塑子氏と評論家の佐高信氏の対談本である『なぜ日本のジャーナリズムは崩壊したのか』（2020年、講談社+α新書）での記述をご紹介しよう。ここでは、池上彰氏に関して、次のような発言がなされている。

佐高　捏造なんて、政権側のほうこそ凄まじい。この間、集会で、「偽装、捏造、安倍晋三」っていうスローガンを聞いて、そのまま私の本のタイトルにしたんだけど（笑）。

いまこの国では、あなたのように少数派の、波乱を巻き起こして社会を変えようとするジャーナリストと、諧調を乱さないようにするジャーナリストと、秩序に積極的に従おう、それを支えようとするジャーナリストがいる。

まあ、二番目と三番目は本質的には一緒なんだけど、二番目を代表する元ＮＨＫの池上彰と対談したことがある。『創価学会秘史』という本を書いた高橋篤史が言っていたが、いまのジャーナリズムの主流は「池上彰化」していると。つまり、たんなる「解説」ということ。

望月　批判も肯定もせずに読者に判断を委ねよと？　対談してみてどうでした

か？

佐高　まさにあなたの言う「批判も肯定もしない」というところを突いたんだ。果たしてそれがジャーナリズムなのかと。

いま総務相の高市早苗が電波停止発言をしたとき、あれに対して岸井とかテレビのキャスターたちが顔を出して反対したでしょう。あのときも、池上や古舘伊知郎は出てこない。

権力を監視し、追及するという従前のジャーナリズムの役割を放棄し、「解説」に徹するという新しいコメンテータ像を池上彰氏は確立したのだ。

財務省や首相官邸の圧力を受けて、大手メディアが政府の意向にそった報道しかしなくなるなかで、国民はメディアが垂れ流す中身のない「論評」にうんざりしている。だから、池上氏は、論評を捨て、解説に徹する。池上彰氏自身も「私はできるだけ自分の意見を言わないようにしています」と日ごろから話している。大竹まこと氏の番組に出演したときも、ひと通りの解説が終わったのを受けて、大竹氏が「それであなたはこの問題に対してどのような意見を持っているんですか」と聞くと、池上氏は、「それは言わないようにしています」と答えたそうだ。

おそらく、視聴者は、コメンテータの意見を聞くのは時間の無駄で、分かりやすい時事問題の解説を聞いておけば、会社や学校に行ったときに、周囲とのコミュニケーションに役立つ。それだけで十分だと国民は考えるようになったのだ。

かつてテレビ朝日に、『スマステーション‼』という香取慎吾さんが司会を務める番組があった。その番組では、解説者が時事問題を分かりやすく解説するというコーナーがあった。不定期出演だったが、私もその解説者の一人を務めていた。

２０１１年頃だったと思う。その日のテーマは、「なぜアジアに駐留する米軍は沖縄に集中しているの？」というものだった。記録が残っていないので、正確ではないが、私はおよそ、次のような解説をした。

米軍には、陸軍、海軍、空軍の他に海兵隊という部隊がいる。海兵隊は、先遣部隊で、敵地にいち早く上陸し、後からやってくる軍隊のために現地の港湾や空港、道路などを確保、占領する。海兵隊は言ってみれば、殴り込み部隊なので、そもそも「防衛」の役割はない。沖縄の駐留米軍は、普天間にしろ、嘉手納にしろ、海兵隊の基地なので、日本を守るという役割はそもそもない。それでは、なぜ沖縄に海兵隊が駐留しているのかというと、台湾有事などの際に、いち早く戦地に海兵隊を送り込んで、戦争を優位に進めるためだ。つまり、防衛ではなく、侵攻が主要な目的だ。さらに言えば、日本がアメリカに逆らったら、まっさきに日本を攻めてくるのが、沖縄の海兵隊の役割なのだ。

私は、自分がコメントをしている最中から、スタッフが青ざめはじめ、スタジオが凍り付いていくのをはっきりと感じた。もちろん、私のコメント収録は完全に「ボツ」になった。そこで急遽代役として呼ばれたのが、池上彰氏だったのだ。

池上氏の解説は、見事なものだった。面倒な安全保障や日米地位協定など日本の対米隷属には一切触れず、地政学的な見地から、いかに沖縄がベストのポジションに立地しているのかを説得力をもって「解説」したのだ。その後、私の『スマステーション!!』への出演機会は激減し、それとは対照的に池上氏はメディアの寵児となっていった。最近では、池上氏はどんなテーマでも、やさしく解説してくれる識者としての地位を確立した。「池上無双」と呼ばれ、まるで全知全能の神様のように崇め奉られている。

もちろん、池上氏は神ではない。それではなぜ池上氏は神格化されたのか。そこには、こんな番組制作上の仕掛けがあると私は考えている。

まず、池上解説を行うテーマが決まると、テレビ局のスタッフがリサーチをかけて、池上氏が行う解説内容を決める。池上氏は論評をせずに解説に徹するのだが、世間が驚くのは、そこで披露される博覧強記ぶりだ。例えば、コロコロ変わったイギリスの首相の名前をスラスラと挙げていく。世間は驚くが、事前に調べていて、スタジオの池上氏の前には、コメントのカンペ（カンニングペーパー）まで出ているのだから、スラスラ言えるのは、当然のことだ。ただ、そうした「博識」を披露するだけでは番組は成立しない。世間が「そうだったのか」と納得する意外な真実の提示がどうしても必要になる。そうしたネタは、ネット・リサーチではなかなか出てこない。そこで番組スタッフは、そのときのテーマの専門家に接触して、おいしいとこ取りをするような形で、世間が驚くネタを仕込んでくる。しかもそれをノークレジットで使用する。知的成果物の横取り、ブレイン・ピッキングと呼ばれる手法だ。

そのあたりの事情を元財務官僚で、嘉悦大学教授の高橋洋一氏は、２０１８年9月15日、夕刊フジ系のネットメディア「Zakzak」で次のように述べている。

(https://www.zakzak.co.jp/article/20180915-VVHXVNHI4RKEDBHRRG4SVB75QE/)

ジャーナリストの池上彰氏の番組制作をめぐり、インターネット上で話題になっている。

元通産官僚で徳島文理大学教授の八幡和郎氏が、かつて池上氏の番組スタッフから取材を受けたが、池上氏の意見として紹介したいと言われたとフェイスブックで明かした。

筆者もこれを受けて「似た経験がある」とツイートした。筆者以外にも、同様な経験があると表明している人が相次いでいる。

筆者の経験をいうと、かなり以前の話であるが、池上氏がやっていたあるラジオ番組にゲストとして呼ばれた後、取材として話を聞かせてくれということだった。それで、筆者はまたゲスト出演かと思い取材協力したが、別のテレビ番組で取材内容を使いたいというもので、筆者のゲスト出演はなく、取材に協力したのに残念に思った。

（中略）

「ジャーナリスト」を称する人は、取材をベースとして意見を述べるが、「自分の意見」と「取材によって得た意見」の差がかなり曖昧だという印象を受ける。しばしば取材源の秘匿を主張するが、それは取材対象者が主張した場合のみに許されることであり、取材先を明らかにできないのなら客観的な検証はできないというのが一般的な感覚ではないか。

もちろんブレイン・ピッキングを行っているのは、番組スタッフであり、池上氏本人ではない。池上氏は抜群のトーク能力を生かして、スタッフが作り上げた台本にしたがって解説者を演じているだけだ。イメージとしては、紅白歌合戦に登場する「巨大小林幸子」のようなものだと私は考えている。池上氏は一見、巨大な神のような存在にみえるが、胴体は張りぼてで、その上に抜群に歌の上手い小林幸子が乗っかっているという構造になっているのだ。

ただ、その仕掛けには、致命的な弱点がある。それは「外からの力」に弱いということだ。少しでも横から突っ込みを入れられると、あっと言う間に瓦解してしまうのだ。

それを防ぐために番組スタッフが採用した手法が、池上氏の番組に「イエスマン」だけを呼ぶということだ。番組のなかで池上解説を聞いたイエスマンたちは、「なるほど」「そうだったんだ」と、池上氏の見事な解説を絶賛する。決して解説に疑問を差し挟んだりはしない。そうした忖度ができるタレントだけで池上氏を取り囲むのだ。

実際、池上氏の番組に出演したタレントに聞くと、彼らが池上氏にする質問も事前に決められていて、そのときに思い付いた別の質問をしても、「では次の質問に行きましょう」とスルーされてしまうそうだ。

実は、私は、池上氏が大ブレイクする前に、ラジオ番組のイベントで、池上氏と二人で経済に関する討論をしたことがある。その際、私が軽い横やりを入れただけで、「池上解説」はあっけないほど簡単に音を立てて崩れてしまった。そのときの感触で言えば、池上氏の経済に関する知見は高校生レベルでしかなかった。それは当然のことだ。池上氏の経歴のなかで、経済の専門的な研究をしたことは一度もないからだ。

私はこれでも、40年以上経済分析の仕事に携わってきた。だから、池上氏と直接対決の経済論争の場を与えてくれたら、10分以内に100％論破できる自信が私にはある。

また、池上氏のもう一つの弱点は、「知らない」というセリフを言えないことだ。私は、たとえ経済に関することでも、ファッションや化粧品や美容に関することを聞かれたら、「その分野はまったく分かりません」と堂々と言う。知らないことで、いい加減なことを言うと、その後の議論の展開のなかで、その点を突かれて、やり込められてしまうからだ。ところが池上氏に「知らない」というセリフは許されない。全知全能の池上無双は、何でも知っている知の巨人でなければならないからだ。

さらに、池上氏にとって最大の制約は、財務省や政権にとって致命的になる批判ができないことだ。大手メディアに出続けるためには、それが絶対条件になっているからだ。

このように池上解説の正体は、実はガラス細工のように精密に組み上げられた楼閣であり、そこに外力を加えてくるような批判者は、けっして近づけてはならないのだ。実際、ラジオイベントで池上解説を私がぶち壊した直後、池上氏からラジオ局の幹部に強い要請がなされた。それは、「二度と森永とは共演させないで欲しい」というものだった。それは、現実のものとなり、私はそれ以降、池上氏との共演が、すべてのメディアを通じて、一度もなくなっている。

最近、池上氏は「もっとも信頼できる情報メディアは何ですか」と聞かれて、「それはテレビです」と答えたそうだ。

官邸や財務省に徹底的な忖度をし、国民から批判精神を奪い、そして高報酬を受け続けるテレビ局の正社員の高報酬を維持するための番組作りをしている中心人物が、「テレビの情報が最も信頼できる」と言うことは、私にはブラックジョークとしか思えないのだ。

池上彰化のその先

池上彰氏が作り出した「論評を差し挟まないことで、問題の本質に踏み込まず、国民の関心をそらすことで、結果として権力者たちの利権を守る」という番組作りは、ある意味で現代のテレビ制作の頂点に君臨するコンテンツになっている。

しかし、いくら「砂上の楼閣」とはいえ、精緻な作品なので、番組作りにはそれなりに大きな手間とコストがかかる。紅白歌合戦を毎週はできないのと同じだ。

しかし、最近のコメンテータの業界には、スタッフが十分な事前準備をしなくても、高い才能と努力の積み重ねによって、幅広いテーマに精通している新世代のスターが誕生している。しかも、彼らは細かい指示や圧力にさらされなくても、ごく自然に権力者に忖度ができるという技を身に着けている。おそらく、彼らは、これからの報道・情報番組の主役になっていくだろう。

具体的な事例を挙げていこう。一人は、お笑い芸人のたかまつなな氏だ。１９９３年生まれのたかまつ氏は、フェリス女学院高等学校卒業後、慶應義塾大学に進学し、２０１６年に総合政策学部を卒業した。その後、慶應義塾大学大学院政策・メディア研究科修士課程に進学し、２０１８年3月に修了している。典型的な知的エリートの学歴だ。

ただ、彼女の特異性は、職歴にある。学生時代からお笑い芸人の活動をしており、大学院修了後は2年半ＮＨＫのディレクターをしていたものの、現在はフリーの芸人として、そのインテリぶりを武器に、さまざまな媒体で活躍を続けている。彼女の活躍の場は、舞台からYouTubeまで幅広く、テレビの情報番組や討論番組にも頻繁に登場している。私自身も、例えば「朝まで生テレビ！」で共演させてもらったり、私がレギュラー出演しているニッポン放送の「垣花正あなたとハッピー」にゲストとして来てくださったこともある。博識で、地頭がよく、しかも頭の回転が速いので、まさに生放送向きのタレントだ。話題がどこに転がって行っても、常に的確なコメントができるからだ。

ただ、たかまつ氏の発言で、私にはどうしても納得できないことがあった。それは、厚生労働省が、現在60歳までとなっている国民年金保険料の納付期間を65歳まで延長する方針を固めたことに対して、彼女が全面的に賛成していることだ。

最終的に、制度の導入は先送りされたのだが、この制度は一部の高齢者にとてつもない負担を課すことになる。現在の国民年金保険料は、月額1万6980円だから、自営業者や年収106万円以下の非正社員などは、60歳台前半の5年間で、101万8800円の負担増が発生する。夫婦2人だと200万円を超える負担増だ。ただでさえ厳しい老後生活のなかで、とても負担しきれる保険料ではない。しかし、この負担増を避ける方法がある。それは60歳台前半もフルタイム労働者として働き続けることだ。厚生年金保険料には国民年金保険料相当分が含まれているため、フルタイム労働者は、制度が導入されても、新たな負担をしなくて済むのだ。折から、公務員の65歳への定年延長が始まったから、公務員は負担増を被らない。一方、民間で60歳の定年を機に引退しようと考えていたサラリーマンには、とてつもない負担増が押し付けられる。とても払いきれる保険料ではないから、「定年を迎えた60歳以降は悠々自適の老後を過ごそう」と考えてきた人の人生設計は、瓦解してしまうことになるのだ。

そのことをたかまつ氏に直接ぶつけると、「保険料納付期間の延長は、国民年金の給付を増やすので、高齢者本人にとって、メリットも大きいんです」という答えが返ってきた。

確かに、現在の国民年金の給付額は、40年間フルに保険料を支払った場合で、月額6万6２５０円となっている。保険料納付期間が5年間延長されると、単純計算でそれが7万４５３１円になり、月額８２８１円増えることになる。１０２万円の保険料を追加で支払って月額８２００円年金を増やすことが、高齢者にとって望ましいかどうかは判断の分かれるところだが、たかまつ氏は「年金部会では反対の声は一切出ていません」と答えた。

そう。たかまつ氏は、厚生労働省の社会保障審議会年金部会の正式な委員に就任しているのだ。年金部会の委員というのは、社会保障研究をしている学者にとっては、たどり着くことが非常に困難な最高峰のポストだ。社会保障研究の専門家でも何でもないたかまつ氏は、そこに落下傘部隊として就任したのだ。

なぜ厚生労働省はそんな人事をしたのか。もちろん一つの理由は、年金の未来を検討するときに若者の意見を取りいれないといけないということだろう。ただ、私はもっと大きな理由があると考えている。それは、今後、社会保障財政が厳しくなるなかで、負担増と給付カットを高齢者に押し付けるための論客を育てることだ。審議会の委員ともなれば、官僚が入れ替わり立ち替わり、ご進講に訪れる。そこで「洗脳」が行われるのだ。

たかまつ氏と話していると、「自分が騙されている」という感覚をまったく持っていないことがよく分かる。こうして、ザイム真理教が推し進める高齢者の切り捨てを支える論客が育っていくのだ。

社会保険料減税は日本を救うか

同じようなことは、他の若手の論客についても起きている。２０２３年9月30日、私はテレビ朝日系の「朝まで生テレビ！」に出演した。物価高が続くなかで、国民生活をどう守っていくのかが、議論のテーマだったのだが、その番組に、最近、若手論客として注目を浴びている安部敏樹氏が出演し、驚くべき提案をした。それは、いまの高齢者と比べて重い税社会保障負担を強いられている若者世代を救うため、社会保険料の引き下げをすべきだということだ。

彼の主張の背景は、ある意味でよく分かる。私が社会に出た１９８０年の国民負担率（税社会保障負担が国民所得に占める割合）は31％だったが、２０２２年度は48％まで上昇している。つまり、かつては稼いだ額のうち税や社会保険料で持っていかれる割合が3割だったのが、いまや半分が持っていかれる時代になっているということだ。稼いでも稼いでも、持っていかれてしまうという若者の不満はよく聞くのだが、だったら「減税をしてほしい」と主張するのが普通だろう。ところが安部氏は、減税ではのなく、社会保険料の引き下げを求めたのだ。そうした意見を聞いたことがなかったので、私はCM時間中に安部氏に詳しい話を聞いてみることにした。

税金と違って社会保険料は、ダイレクトに給付と結びついている。つまり、社会保険料を引き下げれば、給付を減らさないといけなくなる。「例えば、健康保険料を引き下げて、アメリカのように手術や入院をすると莫大な費用を請求される社会にしたほうがよいということですか」と私が聞くと、安倍氏は「そうしたことは考えていません。やるべき改革は年金のほうです。年金の給付を減らす、具体的には給付額を減らすか、今の給付のままで80歳からの支給にするのがよいと思います」と彼は答えた。

給付水準を下げるか、支給開始年齢を繰り延べるのかという選択は、あまり意味がない。現在の制度でも、年金の支給開始年齢は60歳から75歳の間で自由に選べるからだ。現在は支給開始年齢を1か月遅らせるごとに、年金給付は0・7％増えるルールになっている。この仕組みを前提にすると、年金の支給開始年齢を80歳にすれば、年金は126％増えることになる。逆に言えば、原則80歳支給開始になったときに、年金支給開始年齢を現状と同じ65歳から受給すると、年金給付総額は66％減ることになる。つまり年金の価値が3分の1になるのだ。そうなれば、当然、年金保険料も3分の1に下がる。いまの厚生年金保険料は年収の18・3％で、そのうち半分が労働者の負担になっているから、労働者の負担は9・15％だ。それが年金給付を3分の1に下げることで、3・05％に下がる。年収500万円のサラリーマンであれば、年間15万2500円の負担減となるので、それなりに大きな効果があるのだ。

もちろん、そこにはとてつもなく大きな代償が待ち受けている。現在、厚生年金の平均給付額は、夫婦で月額21万円だ。それが原則80歳支給になったときに、65歳から給付を受けようとすると、年金月額は夫婦で7万円に下がることになる。

さらに、今後人口構成が高齢化していくので、安部氏が年金を受け取る時代には、さらに4割の削減になる。つまり、夫婦が受け取る公的年金は、わずか4万2000円になってしまうのだ。さすがにそれでは生活することができないだろう。

安部氏と話していて、もう一つ驚いたことがあった。それは、彼のところに財務省の主計局長までがやってきているということだ。何でも数兆円規模の大きなプロジェクトを安部氏が構想していて、その打ち合わせのために来ているそうなのだが、私はその打ち合わせの場で、知らず知らずのうちに財務省の洗脳があったのではないかと推測している。

財務省はどうしても減税を避けたいので、減税ではなく、社会保障をカットして、社会保険料の抑制で国民の負担減を図りたい。だから、「年金をもらいすぎている」と高齢者を悪者にして、世代間対立を煽ることで、社会保障カットを正当化したいのではないだろうか。現に財務省は、毎年の概算要求の段階で、社会保障費総額の上限を決めている。その範囲内で社会保障給付を行わなければならない厚生労働省は、毎年、医療や介護、年金制度を改悪し続けているのだ。私は、そうしたやり方にはもちろん反対だ。少子化が止まらないのも、どんどん老後の見通しが暗くなっているからだ。未来の高齢者の暮らしがみじめなものだったら、誰が子供を産もうとするのだろうか。

いま日本は猛烈な勢いで税収が増えていて、減税の余力が高まっている。だから、社会保険の改悪ではなく、まず消費税などの減税を行って国民の負担減を図ればよいのではないかと私は考えている。そうすれば消費が増えて経済が成長するので、結果的に税収も増えるからだ。

大空幸星氏の転身

２０２４年10月の総選挙で、自民党公認で東京15区から立候補した大空幸星氏が25歳という史上最年少での当選を果たした。比例復活だったとはいえ、立派な国会議員の誕生だ。大空氏は孤独や孤立に悩む人らの相談を受けるＮＰＯ法人「あなたのいばしょ」の元理事長で、ニュースや情報番組に多数のレギュラーを持つだけでなく、「朝まで生テレビ！」などの討論番組にも頻繁に出演し、若者の視点から政府やメディアに対して舌鋒鋭い批判を繰り返す「論客」として知られ、圧倒的な人気を誇ってきた。私が出演しているニッポン放送の「垣花正あなたとハッピー」でも準レギュラーを務めていた。番組のなかで彼の批判は、政府やメディアだけでなく、日本の経済社会をダメにした中高年や高齢者にも向けられ、その代表として私にも批判の矛先が向けられていた。だから生放送でいつも彼とはバトルを繰り返していたのだが、大空氏には憎めない部分もあった。それは、彼が厳しい家庭環境のなかで育ったことを背景に、「心の貧困」を持つ若者たちへの優しい心遣いが、彼の発言のベースにいつもあったからだ。

だから、彼が権力側の自民党から立候補するという話を聞いたときは、心底驚いた。大空氏本人は、「政治に対して一方的に批判していたが、コメンテータの仕事に限界を感じた。個人としてコメンテータ人生が嫌になった」と話している。つまり、コメンテータとして批判を繰り返しても、世の中は変わらない。世の中を良い方向に変えようと思ったら、権力を握らないと変えられないという結論を出したということなのだ。

実際、大空氏は、とても有能な人物であり、25歳で衆議院議員になったということは、彼が権力者に上り詰める可能性は十分ある。場合によっては総理大臣になる可能性もあるだろう。ただ、権力にすり寄って、権力の側から世の中を変えるという手段が本当に正しいのかという問題がある。

実際、大空氏は小選挙区での公開討論会で選択的夫婦別姓に賛成かどうかを問われて、「イシュー化することによって進められない問題もある」と答えを濁した。権力の側に立つということは、言いたいことを言えなくなるということも、意味するのだ。

公明党の例もある。元々、公明党の掲げる理念は、「平和と福祉」だった。ところが長年自民党と与党連合を組むなかで、集団的自衛権を容認して日本を戦争できる国にし、財務省が毎年推し進める社会保障カットを受け入れざるを得なくなった。だから、大空氏が同じようなことになる可能性が高いのではないかと私は考えている。

前明石市長の泉房穂氏も、2024年10月29日に、Xを更新して、「いきなり自民党から出馬したことにも驚いたが、夫婦別姓や同性婚の問題に誠実に回答せず、平然と開き直るところにさらに驚いた。変わってしまったのか、そもそもがそういう人だったのか…」とつぶやいている。

高齢者は姥捨て山に

これまで見てきたように、若手論客が共通して指摘する日本社会の問題点は、「いまの自分たちの生活が苦しいのは、社会保障が高齢者を優遇し過ぎて社会保障財源を奪っていることだ」というものだ。だから、高齢者に対しては、思い切った社会保障カットと増税・増負担が必要だというのが彼らに共通する政策要求になっている。もちろん、いまの高齢者が優遇されているという事実がないことは、これまでに明らかにしてきたとおりだ。いまの高齢者は若者同様、あるいはそれ以上に厳しい生活環境に置かれている。高い公的年金を受給することで、左団扇《うちわ》の老後生活を送っている高齢者など、私の周りには一人もいないのだ。

そうしたなかで若手の論客たちがなぜ高齢者を目の敵にするのか。それは、背後に財務省がいるからだろう。いまや日本の財政は世界一健全になっており、財務省が積み重ねてきた①増税、②増負担、③社会保障カットは、最早まったく必要性を持たない政策になっている。しかし、必要性がなくなったからこそ、カルト教団化し、増税路線という教義を守りたい財務省は、必要性をでっちあげないといけない。そこで人身御供にされたのが高齢者なのだ。

いま財務省が考える新しい社会のグランドデザインは、おおよそ次のようなものだ。高齢者の暮らしを社会保障カットで追い詰めることで、体が動く限り、労働を続けさせる。そうすれば社会保障給付をさらにカットできるだけでなく、彼らから税金や社会保険料を徴収することで、さらなる財政収支改善効果が出てくる。ただ、高齢者は永遠に働き続けられるわけではない。納税マシンとして使えなくなったら、彼らは姥捨て山に送られる。そして社会の負担にならないように医療や介護のレベルを下げることで、一日も早く命が奪われるように仕向けるのだ。

いまの若手論客に共通する高齢者への認識は、そうした財務省の戦略に基づいて作られたものだ。財務省は先の先まで読んで、新しい論壇のリーダーたちの「洗脳」に取り組んでいるのだ。

そしてその戦略に極端なレベルまで迎合したのが、イエール大学・アシスタントプロフェッサーの成田悠輔氏だと私は考えている。

成田悠輔氏は、「高齢者は老害化する前に集団自決、集団切腹みたいなことをすればいい」といった発言を繰り返し行っている。その発言に対しては、世界中から非難の声が上がっている。当然のことだ。私は、マスメディアの重要な役割の一つは、差別と闘うことだと考えているし、実際に日本のマスメディアは、差別に対して相当気を使ってきた。だから、例えばコメンテータが「ＬＧＢＴは集団自決せよ」とか「障《しょう》碍《がい》者は集団自決せよ」などという言葉をおくびにでも出したら、そのコメンテータは即刻、永久追放になる。ところが、不思議なことに高齢者に対してだけは、それが許されている。実際、成田悠輔氏はメディアから排除されることなく、いまだにテレビにも出続けている。もちろんその背景には、メディアの財務省への忖度がある。

しかし、恥ずかしいと思わないのだろうか。メディアには、特権が与えられている。記者クラブに入っていれば、会員限定の記者会見で質問をすることができる。記者クラブに入っていなくても、さまざまな会見に出席できるし、企業や個人も取材に応じてくれる。展示会でも、メディア限定の事前公開に参加できる。そうした特権を持つのだから、メディアは国民の目となり、耳となって、真実を伝える義務を持つのだ。同時に、メディアには論評する権利も持っている。だからどんなに圧力がかかっても、権力者の利権や腐敗や癒着の追及を怠ってはならないのだ。ところが、最近のメディアは、すっかり牙を抜かれ、自分たちの暮らしを守ることを優先している。

その結果、テレビにはブルシット・プログラム（くそどうでもいい番組）があふれることになる。大型量販店をタレントが訪れ、「これコスパが良くって、最高だよね。大量買いして近所と分ければ、とてつもなく安くつくよ」と喚きたてる。飲食チェーンのメニューをタレントが試食して、「こんなに質が高くて、おいしいものがファミレスでも味わえるんだ」と歓声をあげる。そんな番組ばかりになっているのだ。

もちろん、権力者に歯向かったら大けがをするのは事実だし、最悪の場合、会社が吹き飛んでしまうかもしれない。そうなれば、自分や家族の暮らしは守れなくなってしまう。私自身も子供が成人するまでは、ある程度の「自主規制」をしてきた。

ただ、そうであっても、完全降伏するのではなく、ギリギリのところまで権力者を追及することはできるはずだ。メディアの仕事をコスパのよい労働と捉えるのではなく、あくまでも権力者の追及を最優先の課題としていく。それがジャーナリストの矜持なのではないか。日本は30年もの長きにわたって経済成長もせず、文化はむしろ衰退した。その責任の半分は、メディアにあるのだと私は考えている。

あとがき

『ザイム真理教』と『書いてはいけない』が合わせて約50万部という大ヒット作品となる一方で、私はテレビの報道・情報番組からすっかり干されてしまった。そのとき、救世主になったのがYouTubeだった。

私自身は、自分のYouTubeチャンネルを開設しているわけではないのだが、さまざまなチャンネルに呼ばれて話をしてきた。そこでの発言規制は、一切なかった。

ところが、最近になって、複数のチャンネル主催者から「レプリコンワクチンには触れないでください」という要請がなされることが増えてきた。

ご存じない方のために簡単に記しておくと、レプリコンワクチンというのは、Meiji Seikaファルマが製造・販売する次世代型のコロナウイルス向けのワクチンで、2024年10月1日から接種が可能になった。このワクチンは、接種後にmRNAが体内で自己増殖するために、効果の持続時間が長くなる一方で、肉体に長期間の悪影響を与えるのではないかという懸念も示されている。世界の中で日本だけが治験を許しているという事情もあって、2024年9月28日には、東京でレプリコンワクチンに反対する人たちが3万人も集結して、デモも行われている。

私自身は、自分がよく知らないことに関しては解説も論評もしないことにしている。だから、これまでレプリコンワクチンに関するコメントは一切してこなかったし、当面その予定もない。その理由は、ワクチンに対する私の勉強不足に尽きる。

ただ、ザイム真理教に関しても、日航機123便の撃墜事件についても、一切発言規制をかけてこなかったYouTubeが、レプリコンワクチンに関しては、触れることを許さず、万が一触れた場合には、これまで蓄積してきた動画も含めて、すべてが削除されてしまうという強硬手段に出ていることは事実だ。

こうした強い規制は、当然ながら、レプリコンワクチンの背後にどうしても表に出せない不都合な真実があるのではないかと推測させてしまう。

Youyubeという表現手段までが封じられているいまこそ、私は既存メディアの出番だと思う。徹底的な調査報道を行うことで、レプリコンワクチンの正体を浮き彫りにするのだ。このままメディアが動かないままでいると、日本は中国やロシアや北朝鮮のように、国民が情報統制下に置かれる国になってしまう。メディアは、いまこそジャーナリズム魂を取り戻してほしい。四半世紀にわたってメディアと関わり、その転落を目の当たりにしてきた私は、心の底からそれを望んでいるのだ。

森 永 卓 郎
（もりなが・たくろう）

経済アナリスト。1957年、東京都生まれ。東京大学経済学部卒業。経済企画庁総合計画局、三井情報開発（株）総合研究所、（株）UFJ総合研究所を経て、獨協大学経済学部教授。専門は労働経済学と計量経済学。2023年12月、ステージ4のがん告知を受ける。著書に、『ザイム真理教』『書いてはいけない』『投資依存症』『官僚生態図鑑』など多数。

発言禁止《はつげんきんし》
誰《だれ》も書《か》かなかったメディアの闇《やみ》

二〇二五年三月一一日 初版第一刷発行

著者 森永卓郎《もりながたくろう》
発行者 岩野裕一
発行所 株式会社実業之日本社
〒一〇七-〇〇六二
東京都港区南青山六-六-二二 emergence 2
電話（編集）〇三-六八〇九-〇四七三
（販売）〇三-六八〇九-〇四九五
https://www.j-n.co.jp/
印刷・製本 TOPPANクロレ株式会社

ISBN978-4-408-65151-4（第二書籍）